Unexpected
Affinities

Reading
across Cultures
Revised Edition

同工异曲

跨文化阅读的
启示（修订版）

张隆溪 著

四川人民出版社

图书在版编目（CIP）数据

同工异曲：跨文化阅读的启示 / 张隆溪著. -- 修订版. -- 成都：四川人民出版社，2024.9
ISBN 978-7-220-13668-9

Ⅰ.①同… Ⅱ.①张… Ⅲ.①东西文化—比较文化②比较文学—东方国家、西方国家 Ⅳ.①G04②I0-03

中国国家版本馆CIP数据核字（2024）第083663号

TONGGONG-YIQU：KUAWENHUA YUEDU DE QISHI（XIUDINGBAN）
同工异曲：跨文化阅读的启示（修订版）

张隆溪　著

出 品 人	黄立新
责任编辑	邹　近　刘　笛
内文设计	张迪茗
封面设计	郭　阳
责任校对	吴　玥
责任印制	周　奇
出版发行	四川人民出版社（成都三色路238号）
网　　址	http：//www.scpph.com
E-mail	scrmcbs@sina.com
新浪微博	@四川人民出版社
微信公众号	四川人民出版社
发行部业务电话	（028）86361653　86361656
防盗版举报电话	（028）86361653
照　　排	四川胜翔数码印务设计有限公司
印　　刷	成都市东辰印艺科技有限公司
成品尺寸	130mm×185mm
印　　张	5
字　　数	72千
版　　次	2024年9月第1版
印　　次	2024年9月第1次印刷
书　　号	ISBN 978-7-220-13668-9
定　　价	39.80元

■版权所有·侵权必究
本书若出现印装质量问题，请与我社发行部联系调换
电话：（028）86361656

谨以此小书献给

亦师亦友的钱锺书先生（1910—1998）

目 录

序 / I

1 文化对立批判 / 1

2 "沧海月明珠有泪":跨文化阅读的启示 / 32

3 "这柔弱的一朵小花细皮娇嫩":

药与毒的变化之理 / 66

4 "反者道之动":圆、循环与复归的辩证意义 / 104

序

我们总爱过分强调我们之间那些微不足道的差别,我们的仇恨,那真是大错特错。如果人类想要得救,我们就必须着眼于我们的相通之处,我们和其他一切人的接触点;我们必须尽可能地避免强化差异。

——博尔赫斯[①]

这本小书的内容是我在2005年2月28日和3月1—3日于加拿大多伦多大学所做的四次"亚历山大演讲",

---

① Jorge Luis Borges, "Facing the Year 1983", in *Twenty-Four Conversations with Borges: Including a Selection of Poems*, trans. Nicomedes Suárez Araúz et al. Housatonic: Lascaux Publishers, 1984, p. 12.

整理成书时只对原讲稿稍做了一些修改。除增加几个例子，在论证方面稍做扩充之外，我尽量保留讲稿原貌，希望读来仍然有口头说出来那种感觉。英文版原书于2007年初由多伦多大学出版社在加拿大出版，中文稿是按英文原稿重新写出的，使本书与英文版大致同步发行。

在内容方面，本书与"亚历山大演讲"系列丛书中以前诸种都有所不同，因为传统上"亚历山大演讲"乃注重西方文学，尤其是英国文学。相比之下，本书讨论的文本则超出西方范围，在东西方比较研究的背景上来展开讨论。不过这也就构成一个相当严峻的挑战，因为一般人对东西方比较研究往往持怀疑态度，有人甚至觉得东西方文化完全不同，毫无可比之处，所以东西方比较根本就不能成立。在今日的学术环境里，知识的发展已分门别类到相当细微的程度，不同门类的知识领域之间又各立门户，壁垒森严，结果是学者们都不能不成为专治一门学问的专家，眼光盯住自己专业那一块狭小的地盘，不愿意放眼看出去。专家们往往眼里只有门前草地上那一两棵树，看不到大森林的宏大气魄和美，反而对森林抱着狐疑，投以不信任的眼光。然而除专家们对范围广阔的比较普遍表示怀疑之外，东西方比较研究还面临着一个更大的挑战，那就是有许多人，包括许多学者，都常常习惯于把东方、西方或东方人、西方人当成建构思想的概念积木块，粗糙笼统地累积起来思考，好像东方和西方、东方人和西方人这类概念，都是些根本不同而且互不相容的东西。强调文化差异非此即彼，不仅在思想上似乎对称而具吸引力（更不用说区分优劣高下而具吸引力），而且可以让人节省脑力，很容易针对一个异己的他者来确立自我，而不必费心去调查个案，去仔细审视东西方不同文化传统在观念、意象、主题和表现方式上的对应、交汇甚至重合之处。

习惯于用笼统粗糙的概念积木块来思考的人，一定觉得做这种认真细致的调查研究相当不舒服，因为这类调查必然会模糊各种定义的界限，使整个画面变得十分复杂。也许就因为如此，尤其在西方，仍然缺少有分量的东西方比较研究的著作，而简单化、脸谱化的文化差异常常被充作文化传统最重要的特征。此书之作，就正是针对这样一种背景提出另一种意见，强调东西方文化和文学在各方面的契合与类同，而不是专注于极端的区别或根本的差异。

不同语言和文化之间当然存在差异，可是差异不仅存在于不同文化之间，也存在于同一文化范围之内。在中国，儒家文化强调伦理政治方面的礼乐制度和行为规范，就迥异于道家主张无为与顺应自然，也不同于佛家信仰因果和来世，希求脱离人世众劫轮回之苦而达于涅槃至境。对研究中国古典文学的人来说，唐诗虽然格律谨严，却直接抒发性情，自然天成，就不同于宋诗中一些大讲性理、空发议论之作；而杜甫之凝重沉郁，关心民间疾苦，也不同于李白之恣意豪放，驰骋想象而肯定自我。在西方也是一样，天主教的信仰不同于新教；法国戏剧家拉辛和高乃依的古典主义也不同于莎士比亚之注重自然。或者借用乔治·史丹纳的话来说，"沃尔特·司各特（Walter Scott）所体验的中世纪，有别于拉斐尔前派所模仿的中世纪。……文艺复兴时代的柏拉图主义不同于雪莱的柏拉图主义，荷尔德林（Hölderlin）笔下的俄狄浦斯（Oedipus）既非弗洛伊德的普遍个人，也不同于列维-施特劳斯（Lévi-Strauss）所理解的那个瘸腿的巫师"①。不仅在不同文化传统之间存在差异，在同一传统甚至同一时代的诗人和作家们之间，确实也有各种差异。文化的完全同一和文化的决然对立，都实在是骗人的假象。

在差异之上，当然也还有令人惊讶的交汇与类同。然而这本小书的目的不仅在于展示东西方在观念和主题表现上的契合，而且还要提出一个更强的观点，即只有通过东西方比较研究跨文化的视角，才可能获得某些批评的洞见。如果不超越单一文学传统有限的视野，我们就不可能有开阔的眼光，来纵览人类创造力的各种表现和无穷的可能性；而我们一旦跨越文化差异的鸿沟，有了开阔的眼光，再回过头去反观许多文学作品，就会发现有些东西我们过去竟然没有留意到，也毫无批评的意识。我希望本书范围较广的举证，可以证实这一说法，而获取眼界开阔的批评见解，又可以证明本书所做的东西方比较研究自有其价值。

本书以我所做"亚历山大演讲"为基础，在修订

---

① George Steiner, *After Babel: Aspects of Language and Translation*, Oxford: Oxford University Press, 1975, p. 29.

成书时，我要感谢邀请我在2005年做此演讲的多伦多大学之大学学院院长保罗·佩龙（Paul Perron）教授以及多伦多大学人文研究中心主任阿米尔卡雷·扬努齐（Amilcare Iannucci）教授。他们的邀请使我深感荣幸，也深觉谦卑，因为我完全了解，这是自1928年"亚历山大演讲"设立以来，第一次邀请一位来自东方的学者做此颇有声望的系列演讲。但我绝不认为自己是在许许多多西方著名学者之后，作为东方的代表来做此演讲的。事实上，本书一个主要的论点正是要暴露集体式代表观念的谬误，那是一个相当常见的错误，即完全抹杀个人的种种差别，把具体的个人都归纳在东方和西方、东方人和西方人这类粗鄙的概念积木块之下。

由于本书是"亚历山大演讲"系列中第一次从东西方比较的角度，讨论范围较广之各类文本，开篇第一章就要为这种广阔范围的比较研究奠定基础，所以便对文化不相通的观念，即对以东西方为南辕北辙、毫无共同之处的观念提出批判。本书第一章通过论证这种不相通论的内在困难，指出在东西两方都有人提出这同样的论述，对这一论述本身构成反讽，由此证明我们需要范围广阔的视角,来理解和鉴赏不同的文学和文化传统。后面三章就在此基础上,通过讨论个别主题和文本的具体细节,进一步展示跨文化理解的合理性和意义。第二章首先考察以手指月以及将人生比为旅途的比喻,然后讨论文学中珍珠的意象;第三章论述几篇中文作品中以及《罗密欧与朱丽叶》中毒药与良药的辩证关系;最后第四章探究圆圈和圆球的意象,考察在各种宗教、哲学和文学的文本中展现出来的那种周而复始、反而复归的循环运动概念。全书各章通过意象和观念互相关联,勾画出文本的碰撞和主题相似的轮廓,展示东西方文学和文化在概念构想和表现上的相似点,那种不期然的契合和同工异曲之妙。

  我要感谢邀请我的主人和许多朋友,他们使我在多伦多度过十分愉快的一段时间。我特别要感谢约翰·塔尔克(John Tulk)博士和亚历克斯·基辛(Alex Kisin)先生,感谢他们的热情支持和友谊。我曾和几个朋友讨论过书中的一些想法,其中我要感谢苏源熙教授给我有益的评论,我尤其要对我的老朋友唐纳德·斯通(Donald Stone)教授表示由衷的谢意,他读过全书初稿，给我很多鼓励，并提出有益的意见。本书中有很多想法，都是受钱锺书先生著作典范的启迪，而我二十多年前有幸在北京与他相识，不时聆教，在我将是永远的鞭策和鼓励。我谨以此书纪念钱锺书先生，以此表示我对亦师亦友的钱先生的景仰和怀念，感谢他为后辈学子在寻求东西方跨文化理解的努力中，树立了最有感召力的典范。

张隆溪
于香港九龙瑰丽新村寓所

1

文化对立批判

七十多年前,长期在印度服役、并担任吉卜林学会第一届会长的英国陆军少将莱昂内尔·查尔斯·邓斯特维尔,曾在伦敦吉卜林学会宣读一篇论文,并随后将此论文发表在1933年6月出版的《吉卜林学志》(*Kipling Journal*)上。邓斯特维尔在那篇文章里评论"帝国诗人"吉卜林对印度以及东方的看法,他自豪地将吉卜林引为同道,并对他的听众宣称说,吉卜林"是我们姑且称之为帝国主义的毫不动摇的代言人"[①]。对于吉卜林和邓斯特维尔来说,帝国主义并不是个令人难堪的字

---

① Lionel Charles Dunsterville, "'Stalky' on 'Kipling's India' (1933)", in *Rudyard Kipling: The Critical Heritage*, ed. Roger Lancelyn Green, London: Routledge, 1997, p. 372.

眼，而是代表了大英帝国的荣耀，使他们感到自豪。吉卜林曾有一著名诗句说："啊，东即是东，西即是西，这两者永不会相遇。"（Oh, East is East, and West is West, and never the twain shall meet.）尽管吉卜林这首《东西方歌谣》（"The Ballad of East and West"）受到英国，尤其是印度一些批评家的指责和抗议——他们坚持认为吉卜林错了，东西方早已相遇了——邓斯特维尔却认为这诗句雄辩地证明了帝国主义即英国殖民主义完全合理。因为这首诗明确以西方为统治者，东方为被统治者，肯定了二者全然不同。

对那些批评家，邓斯特维尔完全嗤之以鼻，不屑一顾，他又把吉卜林那句诗直截了当地解读为强调东西方之间根本的差异——尽管他这样解读忽略了吉卜林本人下面紧接着说的话：

> 可是没有东，也没有西，没有边界、种族和出生的差异，
>
> 只有来自天各一方的两位强者相持不下，面对面站立。

英国人既然到了印度，当然就证明东西方早已相遇，可是邓斯特维尔特别强调说，那相遇的性质是决然的对立。他提醒各位听众说，相遇可以有各种不同的方式。"你们可以在并肩跑步中相遇，那就不会产生任何摩擦，但你们也可以是头顶头，在碰撞中相遇。东西方恰好就是这样相遇的。东方人的每一个想法、每一丝一毫的传统都是——而且也应该是——与西方人的思想观念和传统恰恰相反的。"正由于绝对相反，邓斯特维尔坚决反对把宪法引入印度。他说，东方人的思维方式与西方人的思维方式完全不同，"这当中有根本的差异，而且永远也不会改变。我们的政客们要把那仅适应于纯粹不列颠和岛国发展的政府形式，拿来强加给印度，就是完全忽略了思想和性格那永不会改变的根基"。接着他又说："我很怀疑constitution（宪法）这个词怎么翻译成乌尔都语。"①邓斯特维尔显然认为，要把表现欧洲思想精粹的一个概念和术语翻译成东方语言，实在是荒唐可笑之极。的确，用乌尔都语说得出constitution这

---

① Dunsterville, "'Stalky' on 'Kipling's India'（1933）", in *Rudyard Kipling*, p. 373.

个词吗？我们也同样可以问，用汉语说得出constitution这个词吗？

对于跨文化理解和沟通而言，那的确是一个根本的问题。今天的读者大概不会赞许吉卜林借东西方的对立，来证明帝国主义和殖民主义合理；可是认为东西方有根本差异，西方的思想观念不宜引入东方，文化之间不仅语言上不可译，而且在概念上就不可译。所有这些看法在我们当前的学术环境中，在学术界有关亚洲的讨论中，在涉及东方的比较研究中，都是相当常见的。数年以前，作为美国《亚洲研究学刊》主编的戴维·巴克就说过，文化相对主义是大多数亚洲研究者奉行的基本原则，他们怀疑"有任何概念上的工具，可以用跨越不同主体而有效的方式，来理解和解释人的行为和意义"[1]。邓斯特维尔并没有使用相对主义这个术语，可是他七十多年前说的一番话，却颇接近至少是对文化相对主义的一种理解，因为他说："东西方之间的根本

---

[1] David D. Buck, "Forum on Universalism and Relativism in Asian Studies: Editor's Introduction", *The Journal of Asian Studies*, vol. 50, no. 1 (Feb., 1991), p. 30.

差异是永远不会改变的,谁也不能说我们西方的文化就高于东方的文化——相反的两者之间根本没有比较的可能。"① 这样说来,关键就并不在于东西方相遇或是不相遇,因为二者也许已经以碰撞的形式相遇了,关键在于东西方之间有根本差异,完全没有共同基础,也就没有做任何有意义的比较之可能。东西方文化之间没有任何共通之处,这才是邓斯特维尔借解读吉卜林诗句,想要传达给听众的信息。

可是,难道我们今天还要奉吉卜林的话为真理吗?东西方之间真的没有比较的可能吗?这正是我在本书第一章里,要回答的问题。不首先正面接受文化不相通论的挑战,就不可能在后面的几章里,从跨文化的角度去讨论各种文学的主题内容。文化不相通论是一种绝对和囊括一切的理论,认为东西方完全没有任何比较的可能。为了检验这一理论是否正确,我将考察东西方一些具体的文本,看其间有没有任何可比之处,看这些文本在观念、主题或其他方面是否有某种程度的融合。所以

---

① Dunsterville, "'Stalky' on 'Kipling's India' (1933)", in *Rudyard Kipling*, p. 373.

在回应文化不相通论的挑战时，我提出要以东西方文学作品的具体例证，来说明二者之间的联系，那是以观念上的类似和主题上的接近为基础的联系。我想借用哲学家维特根斯坦说过的一句话，这句话就是："命题可以显示出它所要说的意思。"①这就是说，我们不能只是申说东西方跨文化理解可行，还必须使这种可行性显示出来；我们不能仅仅抽象地宣称，还必须通过具体的例子和引文来显示，以文本的证据来支持这一可行性。

这也许就是博尔赫斯想象中的文学批评，即由批评家发明他们所讨论的作者以及作者之间的关系："他们选取两个不同的作品——例如《道德经》和《天方夜谭》——把它们归属于同一位作者，然后极认真细致地探索这位有趣的文人的心理世界。"②如果说《道德经》和《天方夜谭》还都是东方的作品，那么博尔赫斯还有另一篇文章，其中毫不含糊地把中国唐代大

---

① Ludwig Wittgenstein, *Tractatus Logico-Philosophicus*, 4.461, trans. C. K. Ogden, London: Routledge & Kegan Paul, 1981, p. 97.
② Jorge Luis Borges, "Tlön, Uqbar, Orbis Tertius", trans. James E. Irby, in *Labyrinths: Selected Stories and Other Writings*, eds. Donald A. Yates and James E. Irby, New York: Modern Library, 1983, p. 13.

文豪韩愈与古希腊的芝诺（Zeno）、近代的克尔恺郭尔（Kierkegaard）和勃朗宁（Robert Browning）联系起来，将其都说成是卡夫卡的先驱。①像博尔赫斯这样随意找出来的联系，似乎有点异想天开，但这背后却完全是严肃认真的想法。因为把不同作品归属于同一位作家的天才创造、说成是一个有惊人创造力的文人的著作，或者说把不同文学和文化传统的作品理解为世界各地人类创造力的表现，就的确提供了与文化相对主义完全不同的角度，使我们可以跨越语言文化的隔阂来研究文学。

其实，文学研究中这样广阔的视野，也受到曾在多伦多大学任教的一位加拿大著名学者——诺思罗普·弗莱的启发。因为弗莱提倡的原型批评，目的正在于把文学作品视为有系统地联系起来的整体，而不是相互隔绝、各自孤立的片段。虽然弗莱为学严谨，在著作中很少提到东方文学，但他的批评理论毫无疑问有一个全球

---

① 参见Borges, "Kafka and His Precursors", in *Labyrinths*, pp. 199–200。

的视野,理应包括东方的文学和文化。①我就希望按照博尔赫斯所想象的那种文学批评的精神,并以弗莱提供的那种百科全书式极为广阔的眼光,把具体的文本细节组织起来,由此来显示东西方文学的联系。东西文化的相遇,将在很不相同的作品和文本中显示出来;的确,文化的相遇将在文本的相遇中显现,而且正是作为文本的相遇来显现。

可是,我们将如何对待邓斯特维尔所谓"相反的两者之间根本没有比较的可能"这句话呢?我将会证明这种文化不相通论恰好是东方和西方都有的共同说法,于是这共同性本身就驳斥了东西方没有共同性这一说法。在西方,文化对立的观念往往可以追溯到希罗多德在《历史》中所描述的古代希腊人与波斯人的冲突。可是希罗多德自己就说,他之所以写这部历史,目的是

---

① 参见Robert D. Denham, "Frye and the East: Buddhist and Hindu Translations", in *Northrop Frye: Eastern and Western Perspectives*, eds. Jean O'Grady and Wang Ning, Toronto: University of Toronto Press, 2003, pp. 3–18. 此文作者认为,"弗莱从未全面浸润到"东方文学之中,但他"涉入东方的程度却又远比他公开发表的文章所表露出来的要深得多"(第4页)。

要确保"时间不会使人们的所作所为黯淡失色,希腊人和野蛮人展现出来的那些惊人成就和丰功伟绩,不至于无人记叙而湮没不闻"①。作为希腊的史家,希罗多德既能记叙希腊人的历史,又能记叙波斯人的历史,那是因为他"确信人的思想感情有一个共同核心,彼此相差不远",而且他坚信,"人类的心智虽然在时空上有距离,表面上各不相同,但无论在逻辑还是非逻辑方面,其思想和感情的结构都是一样的"。②希罗多德当然站在希腊人一边反对波斯人,但他并不认为这两边互不相通,彼此不能理解。在古代世界里,彼此对立往往是由于种族的自傲,而不是文化的互不相通。希腊人认为只有自己是文明人,外族都是野蛮人,可是这类种族中心主义的偏见,也表现在中国古代的华夷对立观念中,即以中国人为文明人,而外国人都是野蛮人。当然,文化对立也可能来自寻求另一种生活方式的乌托邦式的意愿,即凡是不同和生疏的东西都对人有特别的吸引力,

---

① Herodotus, *The History*, trans. David Grene, Chicago: The University of Chicago Press, 1987, p. 33.

② David Grene, introduction to Herodotus, Ibid., pp. 11–12.

也就是法国诗人谢阁兰所谓的异国情调,那种多样的美感。[①]文化互不相通的观念,的确往往就是这类意愿产生出来的结果,是寻求差异的意愿僵化成为一条对比原则,是浪漫主义的异国情调观念经过哲理化而成为后浪漫主义和后现代主义的理论。

在当代理论中,不相通观念(incommensurability)与托马斯·库恩影响深远的著作《科学革命的结构》有密切关系。他在那本书里说,在不同理论范式下工作的科学家们,说的根本就不是同一种语言,其间的变化如此之大,以至于"经过革命之后,科学家们在完全不同的另一个世界里工作"[②]。可是托勒密派和哥白尼派的天文学家们意见不同,互相争辩,却恰好是因为他们大致相互了解对方的语言。如果互相之间完全不能理

---

① 参见Victor Segalen, *Essai sur l'exotisme: une esthétique du divers*, Paris: Fata Morgana, 1978。谢阁兰说:"异国情调的感觉不是别的,就是对差异有一点概念,感觉得出多样性,认识到有和自己不同的东西;异国情调的力量就是认识他者的能力。"(第23页)

② Thomas S. Kuhn, *The Structure of Scientific Revolutions*, 2nd ed., Chicago: The University of Chicago Press, 1970, p. 135.

解，一方的语言在另一方完全没有意义，那么就如唐纳德·戴维森所说，"我们就无从判断别人和我们在观念和信念上极不相同。……因为我们找不到一个合理的依据，可以据此说两边的架构完全不同"①。这确实正是文化相对主义者的危难和困境："不同观点的确有意义，但只有在一个共同协调系统的基础上，它们才可能有意义；可是有共同系统存在，就已经证明戏剧性的不相通观念之错误。"②所以在邓斯特维尔宣称"相反的两者之间根本没有比较的可能"时，他这句话不仅言过其实，而且首先在逻辑上就不能自圆其说，因为在认识到两个东西互相对立的时候，你早已有一个共同的前提，而且正是在那个前提之下，你才可能通过比较，认识到二者相互对立的性质。

库恩在他晚期的著作里，从《结构》一书激进的提法后退到温和得多的另一个提法，即他所谓"局部

---

① Donald Davidson, "On the Very Idea of a Conceptual Scheme", in *Inquiries into Truth and Interpretation*, 2nd ed., Oxford: Clarendon Press, 2001, pp. 197–198.
② Ibid., p. 184.

的不相通性"。库恩这"局部的不相通性"不是指彼此完全不能理解,而只是说两种不同的理论相遇时,大部分语言和大多数术语都基本相同,只是在某些术语的理解上有差异,"只有小部分次级的(通常在定义上彼此相关的)术语以及包含这些术语的句子,才产生不可译的问题"。于是不相通性局部化而成为一个语言问题,"一个关于语言、关于意义变化的问题"。①但库恩认为术语语义的变化会非常之大,老术语和新术语之间是无法翻译的。"不相通性于是成为不可译性",库恩由此把不相通性"局部化为两套词语分类完全不同的某个领域"。②但这和文化不相通性那种全盘的提法比较起来,和文化与思维方式绝对的对立比较起来,可就完全是另一回事了。虽然在这比较温和的"局部的不相通性"概念里,库恩仍然坚持术语的不可译性,但正如哈佛大学的哲学教授希拉里·普特南所说,翻译的困难

---

① Thomas S. Kuhn, "Commensurability, Comparability, Communicability", in *The Road since Structure: Philosophical Essays, 1970–1993, with an Autobiographical Interview*, eds. James Conant and John Haugeland, Chicago: The University of Chicago Press, 2000, p. 36.
② Kuhn, "The Road since *Structure*", Ibid., p. 93.

"并不意味着没有一种'共同'的语言,用这语言我们就可以说出,这两种理论的理论术语所指涉的是什么"①。作为文学研究者,我们都很清楚语义会如何随时间而发生微妙的变化,作为比较文学研究者,我们更随时面对不同语言及其差异,可是那却从未构成对理解、解释和翻译来说无法克服的困难。

库恩提出不相通概念,本来目的是想解释科学史上的不同规范。然而不幸的是,不相通性一旦成为一个理论术语在一般学术语言中流传开来,不相通概念就很快而且远远超出了库恩本来目的的范围。当它从科学转入当代文化和政治时,不相通性就经常被用来证明不同集团和群体互相分离是合理的,甚至"为重新出现的部落主义提供依据"②。正如林赛水所说,这广为传播的概念成了"不相通性概念的完全扭曲",成了"证明身份政治(identity politics)合理的一个关键概念,而这种身

---

① Hilary Putnam, "The Craving for Objectivity", in *Realism with a Human Face*, ed. James Conant, Cambridge, Mass.: Harvard University Press, 1990, p. 127.

② Lindsay Waters, "The Age of Incommensurability", *Boundary 2*, vol. 28, no. 2 (Summer 2001), p. 144.

份政治坚持认为，人们不可能跨越团体来思考"。在其最具斗争性的激进形式里，"不相通性在为一种狭隘、绝对而反对多元的相对主义辩护"。①在我们进一步跨文化地来讨论文学之前，我们首先必须面对而且克服的，正是这样的相对主义。

文化相对主义即文化互不相通的观念，在辩论中往往表现为东西方对立，不管东方是由印度、阿拉伯国家还是中国所代表，东方常常成为一般认为的西方的一个反面的镜中之像。在很多人看来，中国在地理和文化上都离西方最远，与西方最不相同，最具异国情调。中国文明是完全在希腊罗马影响范围之外发展起来的文明。中国，尤其是中国的语言，那大致以非拼音书写的中国汉字，按庞德（Ezra Pound）的看法不是一个逻辑的语言系统，而更是一种诗性的视角。德里达则认为那代表极端的"差异"（différance），而福柯则名之为

---

① Waters, "The Age of Incommensurability", *Boundary 2*, p. 145.

"异托邦"(heterotopia)。①在一本讨论西方的中国观的书里，史景迁曾说，建立起一整套"互相支持印证的形象和感觉"来描述一个异国情调式的中国，"好像是法国人特别擅长"，虽然那种异国情调主义绝不仅仅是法国人所独具的。②既然如此，那就让我引用一位法国学者弗朗索瓦·于连的著作，作为这种异国情调式中国观的典型例子，因为于连反复把中国与希腊相对立，而在这种对立之中，中国总是代表他所谓"文化间的相异性"，成为反衬西方的文化上的他者。

于连明确说，研究中国的意义在于"回归自我"，为欧洲人的自我提供一个不同的视角，"以便重新审视

---

① 参见 Jacques Derrida, *Of Grammatology*, trans. Gayatri Chakravorty Spivak, Baltimore: The Johns Hopkins University Press, 1974, p. 90; and Michel Foucault, *The Order of Things: An Archaeology of the Human Sciences*, New York: Vintage Books, 1973, p. xix。
② Jonathan D. Spence, *The Chan's Great Continent: China in Western Minds*, New York: W. W. Norton, 1998, p. 145.

我们自己的问题、传统和动机"。①他认为，由于中西语言、历史、文化都极不相同，所以"中国提供了一个案例，研究这个案例就可以让我们从外部来反观西方的思想"②。于连2000年出版的一本书题为"从外部（中国）来思考"，在那本书里，中国为西方学者提供了一个从外部来思考的机缘，使他们可以避开从古希腊到近代欧洲的老路而另辟蹊径。于连说："如果要'摆脱希腊框架'，如果要寻找适当的支持和角度，那么除了常言所谓'走向中国'之外，我真看不到还有什么别的路可走。简单说来，这是有详细文字记载，而其语言和历史的演变与欧洲又完全不同的唯一一种文明。"在福柯以中国为异托邦的概念里，于连找到了他的理论依据。福柯曾论述"非欧洲"在结构上的差异，但在于连看

---

① François Jullien, *La valeur allusive: Des catégories originales de l'interprétation poétique dans la tradition chinoise* (*Contribution à une réflexion sur l'altérité interculturelle*), Paris: École française d'Extrême-Orient, 1985, p. 8; see also pp. 11–12.
② François Jullien, *Detour and Access: Strategies of Meaning in China and Greece*, trans. Sophie Hawkes, New York: Zone Books, 2000, p. 9.

来，福柯的"非欧洲"仍然太笼统，"太模糊不清，因为它包括了整个远东"。于连把这个概念进一步缩小，然后宣称说："严格说来，'非欧洲'就是中国，而不可能是任何别的东西。"①

于连不断地把中国作为一面魔镜，让欧洲的自我在里面看到自己的反面，这当中常用的手法，就是在希腊与中国的对立中，建立起一系列彼此相反的范畴。例如他把希腊哲学及其对真理的追求，拿来和中国逐一比照，说中国人讲求智慧而对真理问题毫不关注。于连说，希腊真理的概念和存在的观念互相关联，而在中国，"由于不曾构想过存在的意义（在中国的文言里，甚至根本就没有此意义上的'存在'这个字），所以也就没有真理的概念"②。又如于连认为，道的观念在西方引向真理或超越性的本源，可是在中国，"智慧所倡

---

① François Jullien and Thierry Marchaisse, *Penser d'un dehors (La Chine): Entretiens d'Extrême-Occident*, Paris: Éditions du Seuil, 2000, p. 39.
② François Jullien, "Did Philosophers Have to Become Fixated on Truth?" trans. Janet Lloyd, *Critical Inquiry*, vol. 28, no. 4 (Summer 2002), p. 810.

导的道却引向无。其终点既不是神启的真理，也不是发现的真理"①。此外，于连还把另一些范畴做了类似的反面比较，而且总是用同一个对比模式，即希腊有某种观念，而在中国，那种观念据说根本就不存在。于是于连把欧洲与中国做了一连串的对比：存在与变动、注意因果与讲求势态、个人性与集体关系、形上与自然、自由与随机应变、热衷于思想观念与对思想观念毫无兴趣、历史哲学与没有历史的智慧，等等，不一而足。②在这一系列的反面比较中，对比模式始终如一，于是正如苏源熙所评论的那样，于连的中国变成"他心目中欧洲的反面意象，用勒维纳斯（Levinas）的话来说，就是'我所不是的'——可是那（恰恰）不是勒维纳斯的意思"③。苏源熙提醒我们注意于连的循环论述，而那种论述之所以循环，是因为论述的目的早已预先决定了

---

① Jullien, "Did Philosophers Have to Become Fixated on Truth?", *Critical Inquiry*, p. 820.

② Ibid., pp. 823–824.

③ Haun Saussy, *Great Walls of Discourse and Other Adventures in Cultural China*, Cambridge, Mass.: Harvard University Asia Center, 2001, p. 111.

论述最后的结论。因此，无论于连关于中国做什么样的论述，无论说中国没有"存在""真理"还是别的什么概念范畴，他都并没有描述中国思想状况的实际情形，而只是从他那个希腊与中国对立的框架中，产生出一些完全是意料之中的结论。苏源熙进一步说，如果不摆脱这个对比模式，"那么于连的方法产生的结果越多，他那个对比阅读的原则就越站不住脚。不断制造规范的、相互对应的对立，就把'他者'转变成了'我们的他者'，也就是说，转变成一幅我们自己（或对自己的某种理解）的反面肖像。在这一转变中，本来是未知事物的魅力，就有可能变成一种扭曲形式的自恋"①。

颇有讽刺意味的是，在中国，那些把西方视为东方反面形象的人，同样论说东西方的根本差异。在19世纪40年代，中国在鸦片战争失败之后，中西文化性质的论辩在思想和政治论述中变得十分重要，而且常常是在中国争取自强和中国民族主义的诉求中展开。在20世纪初，许多知识分子都把中国文化视为西方文化的对立

---

① Saussy, *Great Walls of Discourse and Other Adventures in Cultural China*, p. 112.

面。有人把它视为必须抛弃的沉重包袱,也有人把它视为复兴中国之精神价值的资源。介入这些论辩的人看法极不相同,他们甚至在政治上和意识形态上互相对峙,但在东西方对立这一点上,他们却往往看法一致。

例如五四新文化运动的领袖人物陈独秀就曾说:"东西洋民族不同,而根本思想亦各成一系,若南北之不相并,水火之不相容也。"在东西方之间,他又拣出一个特别的差异说:"西洋民族以战争为本位,东洋民族以安息为本位。"①陈独秀是思想激进的革命党人,他的用意是想唤醒中国人——不要只图安稳静息,而应该学习西方。和他论战的对手杜亚泉反对陈独秀对传统文化的激烈批判,可是一说到东西方对立,他和陈独秀却完全一致,视西方为"动的文明",而东方则为"静的文明"。不过在杜亚泉看来,主动进取而好斗争胜的西方给自然和人类社会都造成了极大的破坏,因为西方是以"战争为常态",而中国则以"和平为常态",

---

① 陈独秀:《东西民族根本思想之差异》,载陈崧编《五四前后东西文化问题论战文选》,北京:中国社会科学出版社,1985,第12页。

所以中国正好可以对症下药，给西方文明过度的破坏性开一个调治的良方。杜亚泉说："西洋文明与吾国固有之文明，乃性质之异，而非程度之差；而吾国固有之文明，正足以救西洋文明之弊，济西洋文明之穷者。"[1]与杜亚泉立场不同的还有北大教授、共产党员李大钊，可是在认为东西文明相互对立这一点上，他却完全同意杜亚泉的看法，认为"东西文明有根本不同之点，即东洋文明主静，西洋文明主动是也"[2]。李大钊甚至更进一步，列举出东西文明之间一长串对立之点，不免使人想起于连所做的那些类似的对比。李大钊甚至引用吉卜林的诗句来支持东西方相反的意见，足见文化对立的观念在当时中国的影响是如何之巨。[3]

以西方为动的文明，好斗争胜，常处于战争状态，这样的西方形象无疑是由第一次世界大战的灾难所形成的，当时大战结束不久，在人们的头脑中尚记忆犹新，

---

[1] 伦父（杜亚泉）：《静的文明与动的文明》，载《五四前后东西文化问题论战文选》，第17、20页。
[2] 李大钊：《东西文明根本之异点》，同上书，第57页。
[3] 同上书，第63页。

而另一方面,那也是西方帝国主义列强毫不掩饰地靠军事强力来称霸的结果。这一形象还和"西方物质主义"的神话密切相关,这种神话把西方说成只有发达的技术,却完全没有道德,于是一些亚洲知识分子常常用这类形象和神话来激发民族自豪感,以道德高尚自居。梁漱溟在1921年出版《东西文化及其哲学》,不仅再次肯定东西方的根本差异,而且宣告了西方文明的没落和中国文明的复兴,预言全世界的人都要改变人生态度,都要走"中国的路,孔家的路"[1]。这种思想近年随着民族主义情绪的高涨,又重新浮现出来,而且与文化不相容的观念互相配合。例如有人说,东西方"最基本的差异的根源"乃在"思维方式之不同"。又进一步说:"东方主综合,西方主分析,倘若仔细推究,这种差异在在有所表现,不论是在人文社会科学中,还是在理工学科中。"[2]这种思路认为好斗争胜、暴烈索取的西方思维方式给自然界和人类世界都造成了极大破坏,唯一

---

[1] 梁漱溟:《东西文化及其哲学》,载《梁漱溟全集》第一卷,济南:山东人民出版社,1989,第504页。
[2] 季羡林:《〈东方文化集成〉总序》,载季羡林等编《东西文化议论集》,北京:经济日报出版社,1997,上册,第6页。

的挽救办法就是"要按照中国人、东方人的哲学思维,其中最主要的就是'天人合一'的思想,同大自然交朋友,彻底改恶向善,彻底改弦更张。只有这样,人类才能继续幸福地生存下去"①。以上这些具体文本的例子都清楚地证明,文化不相通论的观念不仅西方有,东方也有,而亚洲学者提出的文化对立观念,和来自西方的文化相对主义一样,都不利于东西方跨文化的理解。

实际上,差异和类同普遍存在,但它们不仅存在于不同文化之间,也存在于同一文化之内。虽然理解不同文化往往很困难,而且很不完善,但在人类的相互交往中,理解总是有机会产生的。我们由此只能得出结论说,文化不是也不可能是完全不相通或完全不可译的。文化不相通的全盘性概略论述,往往是言过其实的夸张说法。例如于连说真理是希腊和西方专有的概念,而中国则"没有真理的概念",就显然是言过其实。②首先我们要问:希腊人有一个统一的真理概念吗?根据

---

① 季羡林:《"天人合一"新解》,载季羡林等编《东西文化议论集》,第84页。
② Jullien, "Did Philosophers Have to Become Fixated on Truth?", *Critical Inquiry*, p. 810.

· 同工异曲 ·

杰弗里·劳埃德爵士在一本近著里所说，我们至少可以"把希腊关于真理的立场分为三大类，近代我们在真理问题上的辩论，多多少少都起源于这些不同立场的争论。这三类就是客观论、相对论和怀疑论的立场"①。如果我们暂时忽略巴门尼德、柏拉图和亚里士多德等人的差异，就可以说他们代表了客观论的立场。提出"人乃是万物之尺度"的普罗塔哥拉（Protagoras），就代表了主观论或相对论的立场。不仅皮浪派怀疑论者在希腊化时代代表了第三种立场，而且早在这之前，高尔吉亚（Gorgias）在公元前5世纪就已提出了很明确的怀疑论。正如劳埃德所说："并没有一个统一的希腊人关于真理的概念。希腊人不仅在问题的答案上意见不一致，而且对于问题本身就意见不一致。"②宣称希腊人有一个统一的真理概念，而且认为那是独特的西方概念，不过是抹杀希腊和西方思想内部的各种差异，然后提出一

---

① G. E. R. Lloyd, *Ancient Worlds, Modern Reflections: Philosophical Perspectives on Greek and Chinese Science and Culture*, Oxford: Oxford University Press, 2004, p. 53.
② Ibid., pp. 54–55.

个简单化的文化本质的观念。这一类的概略说法,实际上不可能是真确的。

在中国这一面,关于真理、现实、客观性、可靠性等,也同样有各种不同的立场。孔子提出过语言与实际切合的"正名",那是先秦思想中一个重要的问题。儒家荀子《正名篇》指出名称都是"约定俗成",然而一旦约定,就不可以混乱;《修身篇》认定是非有别,"是是非非谓之知,非是是非谓之愚";然而道家的庄子在《齐物论》里则说,天下的言辞是非都是相对于某一观点而言,"是亦彼也,彼亦是也。彼亦一是非,此亦一是非"。既然各人都有自己的是非,他于是怀疑:"果且有彼是乎哉?果且无彼是乎哉?"在《齐物论》结尾,有庄周梦为蝴蝶一段有名的故事,他说:"不知周之梦为胡蝶与?胡蝶之梦为周与?"所以我们可以说,荀子的看法近似"亚里士多德关于什么是真理的意见",而与之相反的庄子的看法,则"甚至比普罗塔哥拉的相对主义还走得更远"。[①]要言之,真理和与之相

---

① Lloyd, *Ancient Worlds, Modern Reflections*, p. 59.

·同工异曲·

关的问题在中国和希腊都有种种讨论,没有哪一种文明可以垄断真理和与真理相关的问题。

现在让我举一个文学的例子,来结束关于真理的讨论。陶渊明的名诗《饮酒》第五首描绘他在乡间简朴的生活和观照自然的乐趣,他觉得自然在他似乎有一种真的意义,自然之美似乎就是真之显现。在日落时分安然静谧的氛围中,夕阳的余晖映照在南山上,众鸟成群地飞回林中栖息之地,这时他似乎突然意识到一种真意的存在,但他又感到,他本能地在头脑中把握到的那种真理,却不是用言语可以表达出来的东西。于是便有此诗结尾那有名的两句:"此中有真意,欲辨已忘言。"末句"忘言"当然是引用庄子《外物》结尾那段著名论断的典故,即所谓"荃者所以在鱼,得鱼而忘荃。……言者所以在意,得意而忘言"。庄子认为道的真意或真实存在是超乎语言的,所以他以沉默为高于语言,在《知北游》中说:"辩不若默,道不可闻。"这一神秘宗的姿态为诗人之"欲辨忘言"提供了一个哲学的背景。不过在忘言这否定性的一刻之前,诗人曾明确宣称"此中有真意",所以先有肯定性的一刻,确定了他所感知的自然之中，有真理的存在。正如德国哲学家伽达默尔所说，诗和艺术中所体现的真理，当然不同于科学的真理，但毫无疑问也是真理。伽达默尔问道："艺术中难道没有认识吗？艺术经验难道不能给人以真理的认识吗？这种真肯定不同于科学的真，但同样肯定的是，也绝不比科学之真低一等。"他又说："艺术经验（Erfahrung）是一种独特的认知方式……但仍然是认知，也就是传达真理。"[1]

柏拉图曾说具体的事物"只是幻象"，感觉得到的真的实在"只有心灵才看得见"。[2] 如果陶渊明觉得真意只能在头脑中把握，却无法用语言来表达，那岂不是近于柏拉图的意思吗？诗人知道在自然之美中有真意，但那真意却不可言传。我当然不是说，柏拉图和庄子或陶渊明之间没有区别，但他们确实有一个共同的看法，

---

[1] Hans-Georg Gadamer, *Truth and Method*, 2nd revised ed., translation revised by Joel Weinsheimer and Donald G. Marshall, New York: Crossroad, 1991, pp. 97–98.

[2] Plato, *Republic* VI, 510e, trans. Paul Shorey, in *The Collected Dialogues of Plato, including the Letters*, eds. Edith Hamilton and Huntington Cairns, Princeton: Princeton University Press, 1961, p. 746.

即认为语言不足以表达事物之真理。他们各有自己的表述方式，而这些方式都植根于各自思想和历史的环境里，所以也就各不相同，但这又只是程度的不同，并非类别之差异，而我们绝不可忽视在不同和差异之上，那些思想和想象的契合。

在文学批评中，差异在文本细节的层次上最为突出，因为在这一层次上，每一首诗、每一个剧本或每一部小说都是独特的，我们要"后退"几步，拉开一定距离，才可能在不同作品之间见出主题或结构上相似的轮廓。正如弗莱所说，"在观画的时候，我们可以站得很近来分析笔触和调色刀的效果。这大概可以相当于文学中新批评派的修辞分析"。可是要观看整幅画，我们就需要从画布前后退一定的距离。弗莱说："在文学批评中，我们往往也需要从一首诗前'后退'几步，才看得出其原型的组织。"[1]当我们后退距离足够时，就可以看出在文本的细微差异之上，把不同文学作品联系起来的那些主题和原型。

---

[1] Northrop Frye, *Anatomy of Criticism: Four Essays*, Princeton: Princeton University Press, 1957, p. 140.

除了后退几步那个比喻之外,我想用另一个类似的比喻来说明我心目中那种主题比较,这就是维特根斯坦在《逻辑哲学论》里也曾用过的爬楼梯的比喻。维特根斯坦说,一旦读者明白了他书中那些命题,就应该忘记那些命题,就好像"爬完了楼梯之后,就该把梯子扔掉一样"[1]。在文学研究中,随着我们在楼梯上爬得更高,我们就逐渐离开文本的细节,把文本视为更大一幅画的局部,而当我们达到足够的距离或者高度时,主题的轮廓和不同作品之间的契合,也就随之变得清晰可见了。不过我们不会像哲学家告诫的那样把梯子扔掉;在文学批评中,那架梯子和每一梯级都不能扔。这不仅因为这梯子使我们得以登高望远,获得批评的洞见,而且这些洞见都有赖于文学作品和文学语言丰富的细节,而正是这类细节构成了这比喻中梯子的每一梯级。美国学者玛乔丽·佩洛夫说得好:"在爬这语言的楼梯时,每

---

[1] Wittgenstein, *Tractatus Logico-Philosophicus*, 6.54, p. 189.

一梯级都表现出内在的奇特。"[①]于是我们可以由此获得新的见解。我们爬到高处之后，眼界也就更高，可以饱览的景色也远比在文化相对主义那条小胡同里所见要开阔宏大得多。

因此，与文化不相通论针锋相对，我极力主张的是从画布前后退几步之后，或爬上楼梯之后获得新的眼界和视野，以那样的眼光看出去，就可以见到东西方文学极为丰富的宝藏，见到多种多样的形式、体裁、修辞手法和表现方式，而这多样的又并非没有一定的契合与秩序，这多元的范畴又并非没有可见的模式、明确清晰的轮廓和形状。这样的眼光可以使我们摆脱文化对立论那种短浅目光，超越种族中心主义和狭隘民族主义那些褊狭的看法。对于我们时代的文学研究来说，我认为这才是合适的眼光，也即博尔赫斯想象的那种具创意的批评。这种批评把全部文学作为人类创造力的表现纳入视野，并且教会我们打破语言、文化和各种各样其他的分界，去欣赏世界各国文学中天才的创造。

[①] Marjorie Perloff, *Wittgenstein's Ladder: Poetic Language and the Strangeness of the Ordinary*, Chicago: The University of Chicago Press, 1996, p. xv.

我一开始提到英国诗人吉卜林的诗句："啊，东即是东，西即是西，这两者永不会相遇。"陆军少将邓斯特维尔把这诗句理解为表现东西方绝对的对立，而且最终说明英帝国主义之合理。但那只是对东西方关系的一种看法，而且在我看来是充满偏见、误导别人、极为错误的看法。且让我引用另外几行诗来结束本章，这是德国大诗人歌德著名的诗句，他的《东西方歌集》(*West-östlicher Divan*)表现了自莱布尼茨（Leibniz）以来追求东西方相互理解和密切联系的梦想：

> Wer sich selbst und andre kennt
>
> Wird auch hier erkennen:
>
> Orient und Okzident
>
> Sind nicht mehr zu trennen.

> 自知而能知人者
>
> 在此就可以明白：
>
> 东方和西方
>
> 将永不会再分开。

2

"沧海月明珠有泪"：
跨文化阅读的启示

在前一章我试图证明，按照文化不相通论，东西方在思想观念和提出的各种命题上，都应该是根本不同、彼此正相反对的，而事实上在东西两方，又恰好有人提出同样的文化不相通论，于是便陷入了相互矛盾之中。我的目的是为东西方比较研究清除障碍，而障碍一旦清除，我就想进入跨东西方文学主题的讨论，通过具体的例证来考察文本的遇合与文化的遇合。

我举的第一个例子来自我刚开始从事教学工作时的个人经验，那时我在哈佛教一门主修文学的二年级学生的必修课，给学生们选了一段《庄子》，让他们把那一段和柏拉图哲学书简中的一段共同研读。我那些学生都是主修西方文学的，对中国传统文化知道得很少。柏拉图书简那一段主要表现哲学家对语言的怀疑，尤其是对书写文字的怀疑。柏拉图举圆圈为例，说圆圈有五种不同范畴，首先是圆圈之名，然后有圆圈的描述、形象、概念，最后还有作为纯粹观念的圆圈，而那才是柏拉图所谓"认知的真正对象，即真正的实在"，而他认为任何语言都不可能描述或表达那个真正的实在。于是柏拉图说："任何明智的人都不会鲁莽到把自己用理性思考过的东西，用语言表述出来，尤其不会用固定不变的形式来表达，而那正是文字符号的情形。"[1]柏拉图把圆圈分为五个范畴，做严密的逻辑推论，这种论述方式对我那些学生们来说并不生疏，而我认为柏拉图在哲学书简这一段中对语言的批判，以及他在《理想国》第十卷里对诗的批判，学文学的学生都应该明白，也就知道怎样去回应。

我选《庄子·天道》那一段，虽然恰好也是讲一

---

[1] Plato, *Letter* VII, 342b, 342e, trans. L. A. Post, in *The Collected Dialogues of Plato,* pp. 1589–1590.

个圆圈,或者更准确地说,是讲一个圆的车轮,但我那些学生们却完全不熟悉。其实庄子讲的话,用意和柏拉图十分接近。他说:"世之所贵道者,书也。书不过语,语有贵也。语之所贵者,意也,意有所随。意之所随者,不可以言传也。"这就很明确地说,语言文字都不足以传达意义。庄子又说:"视而可见者,形与色也,听而可闻者,名与声也。悲夫!世人以形色名声为足以得彼之情!夫形色名声果不足以得彼之情,则知者不言,言者不知,而世岂识之哉!"和柏拉图一样,庄子也认为可闻可见的外在形式不足以传达真正的实在,但他并没有把这些形式做不同范畴的细致分类,也没有用推理的论证方式,却讲了一个故事,说桓公正坐在堂上读书,造车的工匠轮扁恰好在堂下做一个车轮,看见桓公在读书,于是"释椎凿而上,问桓公曰:'敢问,公之所读者何言邪?'公曰:'圣人之言也。'曰:'圣人在乎?'公曰:'已死矣。'曰:'然则君之所读者,古人之糟魄已夫!'"桓公听了这话,颇有些生气,就要轮扁说个明白。轮扁回答,不要说古人圣贤的智慧,就连造车轮这样简单的一件事情,他也只能"得之于手而应于心，口不能言，有数存焉于其间。臣不能以喻臣之子，臣之子亦不能受之于臣，是以行年七十而老斫轮。古之人与其不可传也死矣，然则君之所读者，古人之糟魄已夫！"庄子的文章有许多这类巧妙的寓言，其寓意通过解释和疏导，我的学生们也并不觉得难懂，可是庄子的论证方式却与柏拉图的方式很不相同，有一个学生实在感到困惑，就忍不住问我说："你真的说这就是哲学吗？"

这当然正是跨文化阅读，或者说跨越不同文化和文学界限来阅读，所要达到的效果之一。我从来相信，扩大我们的眼界和认知范围，学会欣赏不同的表达形式，使这些不同形式互相对话，共同讨论一些有趣而又重要的问题，从而认识一些共同的主题，共同关怀的议题，对我们大家来说都既重要，又有益。我那位学生提问，并不是怀疑庄子的文章是否够资格算是哲学，反倒是质疑我们通常所谓哲学这一观念，即什么才该算是哲学。我毫不怀疑，在语言的哲学批判这一议题下，学生们读过了庄子和柏拉图，必定会从这种跨文化阅读中获得新的视野，拓开新的眼界，他们的头脑也会更加开放，对

·同工异曲·

某一文学主题或题材在世界文学的丰富宝藏中,可以表现为各种不同的形式,也必然更能够认识而且欣赏。

庄子和柏拉图都说事物的真理难以形之于语言文字,文字不过是不得已而用之的标记,指点你去认识那超越语言的实在。佛经里有一个著名的比喻,把语言和实在喻为手指和所指的月亮。例如《楞严经》卷二载阿难听讲佛法而不能领会,佛告诉他说:

> 汝等尚以缘心听法。此法亦缘,非得法性。如人以手指月示人,彼人因指,当应看月。若复观指以为月体,此人岂唯亡失月轮,亦亡其指。何以故?以所标指为明月故。岂唯亡指,亦复不识明之与暗。

《坐禅三昧经》卷下也有这样一个比喻:

> 如月初生,一日二日,其生时甚微细。有明眼人能见,指示不见者。此不见人但视其指,而迷于月。明者语言:痴人,何以但视我指?指为月缘,指非彼月。汝亦如是,言音非实相,但假言表实理。

2 "沧海月明珠有泪":跨文化阅读的启示

《喻林》引《大智度论》卷九,也有类似比喻:

> 如人以指指月,以示惑者。惑者视指而不视月。人语之言:我以指指月,令汝知之。汝何看指而不视月?

由此看来,以手指月,但见指而不见月,可以说是典型佛教禅宗的比喻,用以比况世人的无知,他们只看见事物的表象和表面的区分,却不能认识世间万物混沌本朴的原初之状。

可是,在全然不同的语境里,同样是这个比喻用来说明如何解读基督教《圣经》,就完全带上西方的色彩。在《论基督教义》这本小书的开头,圣奥古斯丁声明在先,说他虽然会尽量解释阅读《圣经》的方法,但有些读者一定还是不懂,而这些读者的无知,不应该由他来负责。圣奥古斯丁说,读者不能理解《圣经》,不能责怪他:

> 正如我用手指为他们指点他们想看的满月或者

新月，或者一些很小的星座，可是他们目力不建，连我的手指都看不见，却不能因此就迁怒于我。有些人认真学习了教义，但仍然不能理解神圣经文奥秘难解之处，他们以为看得见我的手指，却看不见我所指的星月。然而这两种人都不应该责怪我，而应该祈求上帝赐给他们识力。虽然我可以举起手指，为他们指点，但我却无法给他们识力，而只有识力才能使他们看得见我的手势，也看得见我以手指出的东西。①

这比喻的巧合的确令人惊讶，因为圣奥古斯丁使用这个比喻和佛经里使用这一比喻，二者之间并没有任何联系。然而这一巧合也不完全出于偶然，因为以手指月之喻在于强调参禅或宗教沉思的目标是内在精神，而不是外在事物，而这当然是宗教家们都会强调的一点，无论佛教或基督教，在这一点上都完全一致。不过就我们的目的而论，我想给这个有趣的比喻或意象提供一种新的解读。纯粹从东方典籍的传统中来理解这一意象，就

---

① St. Augustine, *On Christian Doctrine*, trans. D. W. Robertson, Jr., Indianapolis: Bobbs-Merrill, 1958, Prologue, pp. 3–4.

会认为以手指月是具有佛教禅宗特色的比喻，而在西方传统中来理解圣奥古斯丁使用这同一个意象，又会以为那是基督教的独特比喻。但是，从跨文化阅读更为广阔的视野来看，这两种看法都显得太局限而缺乏识力。两者都好像只看到了手指，而不知道那根手指只是局部而有限度的理解，而辉映在那两根手指和世间所有手指之上的明月，其映照的范围要广阔得多，会使我们举头望远，看清人类的心智想象可以自由驰骋，认识到人类的创造力无限广阔。

能够超越狭隘眼光的局限，获得更广的见识，本身便是有价值的一件快事，而且能使我们的头脑更开放，认识到不同文学形式有各种各样的可能，同时又能展示人的心智和想象各种巧合的因缘。这种跨文化和跨学科界限的阅读也能使我们以宽广的胸怀，接纳各种写作形式，而不一定局限在狭义的文学范围之内。我上面所引柏拉图、庄子、佛经和圣奥古斯丁的文字，都是宗教和哲学著作，不是文学作品，可是引用这些著作或者是因为它们质疑语言的效力，或者是因为它们使用了某个特别的比喻，而这都是我们谈起文学时，常常需要考虑的核心问题。我上面引用的那些哲学和宗教著作都有一定的文学性,而且我们要理解许多文学作品,这些著作都是重要的文化背景。当然,所谓"文学性"是个很难确切定义的概念,但我们可以说文学性就是文字写作优良的品质,这类写作善于使用比喻和其他修辞手法,或由于逻辑推理严密而说服人,或由于情感真挚而打动人,或者兼具逻辑和情感,因而有特别强大的感染力。这样的写作品质不一定局限在狭义的文学作品里,不一定是诗歌、小说或戏剧作品的专利,但伟大的文学作品,尤其是伟大的诗篇,又的确最具代表性,最能表现什么是写作的优良品质。英国维多利亚时代著名的批评家佩特曾经说过,虽然每一种艺术都各有自己特殊的表现形式,但是"一切艺术都总是力求接近音乐的状态"①。这句话的意思并不是说艺术要完全摆脱思想和主题,而是说形式和内容应该统一,两者完全融合起来,"在'想象的理性'面前呈现出统一的效果,而这是一种复杂的能力,其每一种思想和情感都不是孤立存在的,而

---

① Walter Pater, "The School of Giorgione", in *The Renaissance: Studies in Art and Poetry*, London: Macmillan & Co., 1925, p. 135.

是同时具有感性的模拟或象征"①。如果说形式和内容的完美融合就是艺术的品质,也是写作的优良品质,那么我们就可以说,一切形式的写作,哪怕不一定是狭义的诗或者文学,都总是力求接近诗的状态。

从这个意义上来说,哲学、宗教、历史和文学并不互相排斥,而文学本来就把人生的各个方面作为自己表现的内容。法国画家德加(Edgar Degas)很想写诗,可是抱怨说找不到适合写诗的题材和思想,诗人马拉美(Mallarmé)对他说:"亲爱的德加,写诗要的不是思想,而是文字。"②马拉美的话也许并不错,但德加也未必就没有道理,其实马拉美自己的诗就绝非没有思想的胡话。在世界文学的层次上,文学作品中的主题或思想就显得特别重要,因为正如戴维·达姆罗施所说,一部作品一旦成为世界文学作品,就必不可免会脱离其本来的局部环境,"超脱其语言和文化的发源地,在一个

---

① Pater, "The School of Giorgione", in *The Renaissance*, p. 138.
② Paul Valéry, "Poésie et pensée abstraite", in *Variété V*, Paris: Gallimard, 1945, p. 141.

更广阔的世界范围内去流通"①。这就是说,无论读者是直接领会原文,还是通过翻译在不同程度上去理解,一部世界文学作品能够吸引读者的,并不仅是纯粹语言上的技巧,而是使人深感兴趣的主题内容,是以恰到好处的语言和精致的诗意的形式完美表现出来的思想。

以手指月的比喻之所以使人觉得有趣,就因为一个宗教和哲学的观念表现在一个简单优美的形象里,而那观念和比喻,内容和形式,或者说思想和语言,都结合得十分紧密,一定要区分二者可以说已经没有什么意义。在研究比喻的一本很有影响的书里,乔治·拉科夫和马克·特纳认为"比喻不仅在文字里,更在思想里"②。手指和月亮的比喻是他们所谓"'理解即为看见'的基本比喻:从比喻上来说,使你能看见也就是使你能理解"③。他们又说,这类基本比喻"是同一文化

---

① David Damrosch, *What Is World Literature?*, Princeton: Princeton University Press, 2003, p. 6.

② George Lakoff and Mark Turner, *More than Cool Reason: A Field Guide to Poetic Metaphor*, Chicago: The University of Chicago Press, 1989, p. 2.

③ Ibid., p. 94.

的成员共有的概念结构之一部分"①。然而以手指月这个比喻之所以特别,就恰恰在于它不仅在一个文化里,而且跨越文化,存在于互不相同的东西方作品之中。

有人认为东西方不仅在地理上处于地球相对的两端,在文化上也完全相反,如果真是如此,那么在语言表现上的巧合,即主题内容和表现形式上都出其不意地类似,也许就最能提供例证,说明什么是真正的"世界"文学。或许正由于这个原因,克劳迪奥·纪廉才如此热烈地主张发展东西方研究,将之视为比较文学将来可能大有作为的一个领域,尽管有巨大的文化差异,或不如说正因为有巨大的文化差异,两相比较才更能够激发人的兴趣。正如纪廉所说,"恰恰因为互相之间没有联系,没有相互影响,才产生出一系列实际和理论上极为有趣的问题"②。因此,跨越东西方文化差异来阅读文学,并不只是为了超越欧洲中心主义,或只是用非西方的经典来取代西方经典。跨文化阅读的要点在于获得真正全

---

① Lakoff and Turner, *More than Cool Reason*, p. 51.
② Claudio Guillén, *The Challenge of Comparative Literature*, trans. Cola Franzen, Cambridge, Mass.: Harvard University Press, 1993, p. 16.

·同工异曲·

球性的视野,理解人类的创造力量,而只有从这样一个广阔的视野看出去,我们才可能充分鉴赏各种不同形式的文学作品,文学作品也才不会显得好像是互不相干的孤立存在,而是尽管表现在不同语言和文化里,却在主题和思想上有深层的联系。

为了用文学的例子来说明这一点,让我们看看把人生比为旅途这样一个基本的概念性比喻。拉科夫和特纳在西方文学的范围内也曾经讨论过这一比喻。这个比喻最著名的一个例子是但丁(Dante)《神曲》(*The Divine Comedy*)的开头:

> 正当我走到人生旅程的中途,
> 我发现自己走进一片幽暗的森林,
> 完全迷失了前面正确的道路。

因为在途中转错一个弯,人就迷失在"一片幽暗的森林"里。这是但丁用比喻的方式告诉我们,人生当中有许多危险的诱惑,很容易把人引入歧途;在这部长诗的开头,在这幽暗的森林里挡在途中的三只怪兽,就象征这些危险的诱惑。其实整部《神曲》就是一个长途旅行的结构，既是肉体的，也是精神意义上的旅行，从地狱走到炼狱，再走向天堂。很多重要的叙事文学，尤其是以寻求为原型主题的文学作品，往往都以旅程作为基本的结构性比喻。在西方传统中，有许多写精神追求的故事，在形式上都表现为一个具体的旅程，如圣奥古斯丁的《忏悔录》，约翰·班扬（John Bunyan）的《天路历程》（*The Pilgrim's Progress*），关于寻找圣杯的传说等，都是例子。此外，还有诺思罗普·弗莱在《圣经》中看出的两重寻求主题的神话，第一层是亚当丧失了伊甸乐园，徘徊在"人类历史的迷津之中"，最后终于因救世主而复归乐园；第二层则是以色列丧失了自由，徘徊在"埃及和巴比伦奴役的迷津之中"，最后终于复归"上帝许诺的乐土"。[①]这样一来，《圣经》中象征的和历史的叙述都被理解为寻求式的主题，一个从奴役走向自由的旅程，而历史本身也和人生一样，可以比喻成一个漫长的旅途。也许正是人们意识深处这样一个基

---

① Frye, *Anatomy of Criticism*, p. 191.

· 同工异曲 ·

本的概念性比喻,使弥尔顿(John Milton)《失乐园》(*Paradise lost*)结尾的诗句显得特别凄楚动人,他描绘亚当和夏娃被驱逐出伊甸园,踏上前程渺茫、充满艰辛的旅途,面对的是死亡和失落人生的挑战:

> 整个世界横在他们面前,他们要去选择
> 安息之处,以天意做他们的指点:
> 两个人手拉着手,以缓慢徘徊的步伐
> 穿过伊甸,踏上他们那孤独的路程。

然而不仅但丁和弥尔顿把人生比为旅程,其他文学传统里的作家和诗人们,也常常使用这一比喻。在中国文学中,《西游记》就是一个著名的例子,这部小说字面上描写的是唐三藏由三个徒弟伴随着去西天取经的历程,而在比喻或象征的意义上,这部小说讲述的则是一个引人入胜的精神追求的故事,是以佛教故事、神话传说的语言讲述的寻求领悟和智能的故事。余国藩就曾把《西游记》与但丁《神曲》作为宗教意义的旅程相比,认为《西游记》"至少可以在三个层次上来阅读,即读为实际旅行和冒险的故事,读为表现因果报应和修得善果的佛教故事,读为自我修炼和觉悟的讽寓故事"[①]。人生为旅程确实是一个基本的概念性比喻,在世界各国文学传统中都可以找到。

从将人生比为旅程这一基本的比喻,可以逐渐发展出许多相关的观念,扩大比喻的范围。例如我们可以把出生设想成开始走上旅途,死亡就是抵达旅途的终点,而生命过程本身也可以被当成暂时寄住在路边一个客栈里。下面是波斯诗人奥马尔·海亚姆(Omar Khayyám)一首著名的诗,其中诗人用路边客栈的比喻来生动地表现人生之短促,因为生命只是短暂一刻的停留,路人一旦离开,就一去而不复返:

> 雄鸡已鸣,客栈前人们
> 大声呼喊:"快快开门!
> 我们逗留的时间不多,

[①] Anthony C. Yu, "Two Literary Examples of Religious Pilgrimage: The *Commedia* and *The Journey to the West*", *History of Religions,* vol. 22, no. 3 (Feb., 1983), p. 216.

·同工异曲·

一旦离去,就再无归程。"

英国诗人德莱顿(John Dryden)在《帕拉蒙与阿塞特》(*Palamon and Arcite*)第三部中,也在将人生比为旅程的比喻中,使用了暂住的客栈或旅店的意象:

我们像朝圣者走向预定的去处,

世界是客栈,死亡乃旅程的归宿。

我们可以用李白《拟古十二首》之九的诗句来相比较:"生者为过客,死者为归人。天地一逆旅,同悲万古尘。"虽然这两首诗之间毫无联系,可是两者在表现人生的取譬上却非常接近。李白的诗和许多中国古典文学作品一样,有许多取自前人的典故,诗的意象和比喻都颇有来历。"生者为过客,死者为归人"这两句就化用了《列子·天瑞篇》里的话:"古者谓死人为归人。夫言死人为归人,则生人为行人矣。""天地一逆旅"则用了汉代《古诗十九首》中的意象,其中第三首有这样的句子:"人生天地间,忽如远行客。"其十三也有类似比喻:"浩浩阴阳移,年命如朝露。人生忽如寄,寿无金石固。"

李白《春夜宴从弟桃花园序》说:"夫天地者,万物之逆旅也,光阴者,百代之过客也。而浮生若梦,为欢几何?古人秉烛夜游,良有以也。"这最后一句话就用了《古诗十九首》之十五中的意象,那首诗由意识到生命的短促而引发及时行乐的强烈愿望。诗里说:"生年不满百,常怀千岁忧。昼短苦夜长,何不秉烛游?"这诗句里表现的游乐欢快的思想,就完全不同于一些带有强烈宗教色彩的作品,那些作品把人生表现得充满痛苦,受尽煎熬,只有期待上帝来赎救,才可能快快脱离苦海。例如英国诗人亨利·沃恩(Henry Vaughan)有一首《朝圣者》("The Pilgrimage"),其中那个旅人就在客栈中辗转反侧,彻夜不眠,求上帝支撑他熬到生命的终点:

> 啊,请给我食粮!因为我还要
> 熬过很多个白天,很多个夜晚,
> 上帝啊,使我坚强吧,这样

> 我才可能最终走到你的身边。

像这类强烈的宗教感情,在中国古典文学里就很难找到,中国诗人往往以平和的心境看待生死,而无须诉诸上帝神明。陶渊明诗中也使用了人生如旅途的基本比喻,就可以作为例证。《荣木》诗有这样的句子:"人生若寄,憔悴有时。"这平淡中见优雅的语言,把人生比为暂居一处,人的荣枯有一定时辰,而诗人坦然接受这一事实,认为生命的脆弱本来就是人生经验中的一部分。在另一首诗里,诗人把人生如旅程的比喻更作发挥,而且以死亡为旅途的终点。《杂诗十二首》之七有句说:"家为逆旅舍,我如当去客。去去欲何之,南山有旧宅。"这里的"逆旅舍"乃是化用《列子·仲尼篇》里的话:"处吾之家,如逆旅之舍。"陶渊明在《自祭文》中说:"陶子将辞逆旅之馆,永归于本宅。"由此可见,南山旧宅是指坟茔,是人死后最终的安息之处。于是家成了暂住的客栈,坟墓才是安息的老家。诗人的语气十分平和安稳,面对死亡毫无畏惧或怨艾,而且无须求助于宗教信仰,便达到了这样一种澄澈清明的境界。这首诗里表现了面对死亡的泰然自若,使我们想起莎士比亚《辛白林》(*CymbeLine*)第四幕第二场里那首著名的歌:

> 再不用怕烈日的煎熬,
> 也不用怕寒冬的狂怒;
> 世间的工作已一了百了,
> 领了报偿,回到自家园圃。
> 哪怕金童玉女,也有如
> 那扫烟囱的孩子,尽归尘土。
>
> 再不用怕权贵的冷眼怒目,
> 暴君的鞭笞也无奈于你;
> 在你看来,芦苇一如橡树,
> 管他有权,博学,体格强固,
> 全部无一例外,尽归尘土。
>
> (IV. ii. 258)

如此看来,人生如旅程的基本比喻可以有形形色色的表现形式,每一种都或多或少和其他的形式不同,也就有自己的一点独特之处。然而这些不同和差异,又并不是按东西方的分野或文化认同的界限来分配的。其实,同属一种文化的人很可能因各自看法不同而互相争论,而有时候生活在很不相同的文化和社会环境里的人,互相距离遥远或者根本是异代而不同时,却可能互相认同,意见一致。有时候,我们可能发现莎士比亚在精神上和中国诗人陶渊明十分接近,和他那位基督教宗教精神极强的英国同胞沃恩,反倒离得远些。我们认识到东西方诗人使用比喻有相似之处,并不是要忽略文化的差异,但跨文化阅读的确会使我们抱着同情理解的态度和尽量宽容的精神,去欣赏不同的世界文学,以开阔的眼光,跨越语言文化的鸿沟去注意文学想象呈现出的模式和形状。

  跨文化视野有时可能改变我们阅读文本的方式,帮助我们更好地鉴赏不同的文学主题和诗的意象。且让我们用一个具体的意象,即文学中珍珠的意象,来进一步讨论这一点。在英国诗人中,济慈(John Keats)似乎格外喜欢这个意象,只要稍微比较几位诗人的作品集,就可以知道他比同时代其他诗人更常用珍珠的意象。在济慈的诗里,珍珠常以比喻的用法出现,因为他诗中的珍珠大多不是指珠宝,而是用来比喻眼泪或露珠。下面是引自《卡利多:断片》("Calidore: A Fragment")的一个例子:

> 无论是忧伤的眼泪,
> 或是傍晚的露滴像珍珠缀在长发上,
> 他感到面颊上一片润湿。

在引自《恩底弥翁》(*Endymion*)的另一个例子里,诗人也是采用珍珠的意象,把露珠比为爱的眼泪:

> 那最像珍珠的露滴
> 从五月的原野带来清晨的轻烟,
> 也比不上像星星般的泪滴
> 闪烁在那充满爱意的眼里,——那是
> 姊妹之情的家园和居处。

·同工异曲·

在后来的另一个片段里,我们又发现将珍珠比为眼泪的意象,不过在这里,那是幸福的眼泪:

> 说来也许奇怪,但亲爱的姑娘,
> 当你以为我快乐的时候,却没有珍珠
> 会沿着那面颊缓缓滚下。

当然,用珍珠取譬的诗人,绝不止济慈一人。采用这一意象的作品中,还有许多令人印象深刻的例子,如莎士比亚《仲夏夜之梦》(*A Midsummer Night's Dream*)第二幕第一场,小仙唱的歌里,就有这样的诗句:

> 我必须在这里寻找几滴朝露,
> 在每朵立金花的耳朵里挂一颗珍珠。

(II. i. 14)

说来凑巧,中国文学里也常用珍珠这一意象,不少诗人都把珠泪两字连用,尤其用以描绘离情和闺怨。李白《学古思边》描写一个妇人思念戍边的丈夫,他远在天涯，连来鸿去雁也无法为他们传递信息。诗中写道："相思杳如梦，珠泪湿罗衣。"

有情人相思却不能相见，自然不免珠泪涟涟。白居易《啄木曲》写情人的相思泪，却把珠泪的意象做了一点巧妙的变化。诗中以女子的口吻说："莫染红丝线，徒夸好颜色。我有双泪珠，知君穿不得。"用丝线来穿泪珠是颇为新奇的构想，这就使诗句有了一点特别的新意。

不过这些诗中用珍珠意象取譬的例子，尽管优美而且丰富，却相对而言比较简单。把珍珠比为泪珠或露珠，毕竟不是那么奇特瑰丽，相比的基础都是一些显而易见的特点，诸如圆的形状、晶莹柔润的外表、表面的光彩色泽，等等。珍珠的意象在诗中实在很常见，所以无论研究济慈或一般讨论意象和比喻的学术著作，都不大注意到它。孤立起来看，上面这些例子好像都并不怎么独特，不过我们暂且不要因为这个比喻太寻常、太明显，就把它抛开。让我们先再看一下晚唐诗人李商隐用了珍珠和眼泪意象的名句，这就是《锦瑟》诗里的一联："沧海月明珠有泪，蓝田日暖玉生烟。"这一联里色彩和形象都很丰富,但我们还是集中注意珍珠的意象。宋本的李商隐诗集把《锦瑟》列在卷首,所以自宋以来,许多批评家都把这首诗视为诗人自评其诗,几乎是一篇诗的序言。这一看法颇为有趣,而沿着这一思路,我们就可以把这里珍珠的意象理解为诗的象征,是诗的自我指涉的比喻,而意象和比喻本来就是诗的成分。钱锺书《谈艺录》讨论这首诗的一段,可以说为我们的理解提供了最好的指南。钱锺书说,李商隐"不曰'珠是泪',而曰'珠有泪',以见虽凝珠圆,仍含泪热,已成珍饰,尚带酸辛,具实质而不失人气"。这分明是在以比喻的方式,来阐说诗的特性,因为在这里,珍珠的意象"喻诗虽琢磨光致,而须真情流露,生气蓬勃,异于雕绘泪性灵、工巧伤气韵之作"。[①]按照这样一种比喻的方式来读这首诗,"沧海月明珠有泪"就讲出了一条诗学的原理,说明理想的诗应该是一个什么样子。

钱锺书指出,唐代诗人常用珠玉来比拟诗。这显

---

① 钱锺书:《谈艺录》补订本,北京:中华书局,1984,第437页。

然是珍珠意象一种新的比喻用法，因为珍珠不再是用来比喻泪珠或露珠。可以举出许多例证来说明这一点。例如大诗人杜甫《奉和贾至舍人早朝大明宫》就有这样的句子："朝罢香烟携满袖，诗成珠玉在挥毫。"挥毫写诗，一个个字像珠玉那样滚滚而来，于是珍珠的意象成为诗本身的象征。白居易《想东游五十韵》有句："珠玉传新什，鹓鸾念故俦。"这是描绘朋友寄来新的诗作，由此引出对旧日朋友的思念之情。传统的文人往往互寄诗文，白居易有一首《广府胡尚书频寄诗因答绝句》，就描写常常寄诗来的一位朋友，说他"唯向诗中得珠玉，时时寄到帝乡来"。

从唐诗里引来这些例子，证明"珠玉"已成为一个常用词语，一个象征诗本身的诗的比喻。然而用珍珠的意象来比喻诗，却并非中国文学独有。钱锺书引奥地利诗人霍夫曼斯塔尔（Hugo von Hofmannsthal）作品，说他"称海涅诗较珠更灿烂耐久，却不失为活物体，蕴辉含湿（unverweslicher als Perlen/Und leuchtender, zuweilen ein Gebilde: /Das target am lebendigen Leib, und nie/Verliert es seinen innern feuchten Glanz）"。在意象和用意上，霍夫曼斯塔尔的诗句都和李商隐的相当接近。所以钱锺书引霍夫曼斯塔尔的诗句后问道："非珠明有泪欤。"[①]他又引法国诗人缪塞（Alfred de Musset），说他"譬诗于'凝泪成珠'（Faire une perle d'une larme），指一时悲欢，发之文字，始可以流传而不致澌灭（éterniser un rêve et fixer la pensée）"[②]。我们一旦意识到珍珠的意象可以用来比拟诗，我们就不仅能读懂李商隐那些以含蓄难解著名的诗句，而且对以珍珠比喻诗这一意象，也能够有新的理解。总而言之，我们可以由此而获得新的眼光，对于珍珠的意象可以用作诗的象征，产生一种新的敏感。

然而这一比喻在观念上是如何产生的呢？珍珠在什么意义上可以和诗相比呢？这和用珍珠比泪珠或比露珠的情形不同，这里的比喻关系并不是那么显而易见，因为二者能够相比，并不是因为诗和珍珠都有价值或都很珍贵。要回答这个问题，我们可以在中国古代典籍中得到一些启示。《淮南子·说林训》里有这样一句话：

---

① 钱锺书：《谈艺录》补订本，第437页。
② 同上书，第114页。

"明月之珠，蚌之病而我之利也。"这句话很有意思，让我们换一个角度看问题，所见就很不同。从人的观点来看，珍珠是贵重的珠宝，但是对于螺蚌而言，珍珠却是病痛的结果，因为有沙砾或者别的异物进入体内，可怜的螺蚌不得不分泌黏液将之包裹起来，才产生了珍珠。这一观念被刘勰吸收，用来讲文学，认为动人的作品都来自作者痛苦的人生经验，于是《文心雕龙·才略》讲到冯衍，就说"敬通雅好辞说，而坎壈盛世，《显志》自序，亦蚌病成珠矣"。由此我们可以看出，珍珠和诗的比喻关系不在产生的结果，而在产生的过程本身，也就是说，正如螺蚌由于病痛而产生光洁明亮的珍珠，诗人也由人生痛苦的经验产生优美动人的文学作品。

美国作家爱默生有《论补偿》一文，其中对同样的思想观念做了十分有力的阐述。爱默生说："人类工作的一切形式，从削尖一根木桩到构造一首史诗或建造一座城市，都无不在为宇宙间的完美补偿做例证。"[①]从坏事当中，总会有好事发生。和上面引用过的中国诗

[①] Ralph Waldo Emerson, "Compensation", in *Essays and Lectures*, ed. Joel Porte, New York: The Library of America, 1983, p. 296.

人一样，爱默生也用珍珠和螺蚌的意象来表达自然平衡的类似观念。诗人或许会遭受痛苦，但爱默生说："他会像受伤的牡蛎，用珍珠来修补他的外壳。"①悲剧似乎比喜剧更能赢得读者和观众，诉说痛苦和忧伤的诗也比庆贺欢乐的歌更能打动人的心灵。或者如英国诗人雪莱在其名诗《致云雀》（"To a Sky-Lark"）里所说："倾诉我们最忧伤思想的才是我们最甜美的歌。"

不过我们必须承认，钱锺书由《论语·阳货》"诗可以怨"一语出发展开的精彩评论，才真正是对这一观念最透彻的阐述。钱锺书说，在中国古代，认为最好的诗都来自痛苦哀伤的人生经验，"不但是诗文理论里的常谈，而且成为写作实践里的套板"②。他从中西文学中引用大量具体例证，极有力地证明在世界各国文学中，这一观念都相当普遍；而对我们的讨论来说最有趣的是，他聚集了好几种不同文学的例子，都是用珍珠的意象来表达这一观念。除了刘勰《文心雕龙》"蚌病成

---

① Emerson, "Compensation", in *Essays and Lectures*, p. 298.
② 钱锺书：《诗可以怨》，《七缀集》，上海：上海古籍出版社，1985，第102页。

珠"这句话以外，钱锺书还引用了刘昼《刘子·激通》里连用的四个比喻，都是说明穷厄艰苦最能激发作者的才情："梗楠郁蹙以成缛锦之瘤，蚌蛤结痾而衔明月之珠，鸟激则能翔青云之际，矢惊则能逾白雪之岭，斯皆仍瘁以成明文之珍，因激以致高远之势。"钱锺书接下去说：

> 西洋人谈起文学创作，取譬巧合得很。格里巴尔泽（Franz Grillparzer）说诗好比害病不做声的贝壳动物所产生的珠子（die Perle, das Erzeugnis des kranken stillen Muscheltieres）；福楼拜以为珠子是牡蛎生病所结成（la perle est une maladie de I'huître），作者的文笔（le style）却是更深沉的痛苦的流露（I'écoulement d'une douleur plus profonde）。海涅发问：诗之于人，是否像珠子之于可怜的牡蛎，是使它苦痛的病料（wie die Perle, die Krankheitsstoff, woran das arme Austertier leidet）。豪斯门（A. E. Housman）说诗是一种分泌（a secretion），不管是自然的（natural）分泌，像松杉的树脂（like the turpentine in the fir），还是病态的（morbid）分泌，

像牡蛎的珠子（like the pearl in the oyster）。看来这个比喻很通行。大家不约而同地采用它，正因为它非常贴切"诗可以怨"、"发愤所为作"。①

我们对珍珠作为诗的象征有了这样一种理解，就可以再回过头来以新的敏感和更高的鉴赏力，重新看济慈的诗，看他诗中使用的珍珠意象。我们现在读诗人呼唤月亮的诗句，似乎能感到诗人把哀伤加以创造转化的能力：

> 你对于可怜的牡蛎
> 是一种慰藉，它正沉睡在
> 含着珍珠的屋子里。

当我们读到这些诗句时，很可能就会在心目中把"可怜的牡蛎"和"含着珍珠的屋子"与诗人和他的诗作联系起来。我们也会欣赏雪莱所作济慈挽诗中的意象。雪莱把济慈创造的美梦拟人化，想象成一队天使，飞来哀悼

---

① 钱锺书：《诗可以怨》，《七缀集》，第104页。

死去的诗人,雪莱描绘其中一位说,她——

> 剪下一缕美发,绾成花环
> 向他投去,就像一顶桂冠,
> 用凝结的泪,而不用珍珠来装点。

既然这些天使般的美梦都是诗人自己的创造,那么她们用来代替珍珠"装点"诗人头上桂冠的"凝结的泪",也就都是诗人的创造。在雪莱的想象中,济慈自己的诗作化为天使,流下如珠的眼泪来哀悼死去的诗人,而诗人也的确将在自己的诗作中获得永生。在这里,我们通过雪莱诗中的描写,可以再次看到珍珠的意象与济慈自己诗作的联系。

在一首悼亡诗哀怨的音调里,珍珠的意象之所以能够成为诗的象征,其基础乃是人生与艺术的关系给人一种悲剧感,于是这就使我们对诗的净化作用能够有所体会。诗人和他在生活中遭受的痛苦,在死中变得更丰富、更美丽,我们不禁会想起莎士比亚《暴风雨》(*Tempest*)第一幕第二场阿丽儿(Ariel)唱的一首歌:

> *那些珍珠曾是他的眼睛，*
>
> *他身上消失的一切*
>
> *无不经过海中的变异，*
>
> *变得更富丽、更神奇。*

（I. ii. 399）

由痛苦的人生经验产生出来的诗，是能够扣人心弦的最好、最有感染力的诗，正如可怜的牡蛎由病痛产生出最明亮的珍珠，这个比起用珍珠比拟眼泪或露滴，确实是更有趣、也更复杂的一个比喻。更重要的是，只有当我们从跨文化比较的角度，把中国和西方文学中一些特定的具体例子放在一处时，我们对珍珠意象重要的象征意义，才可能达到这样全面的理解。钱锺书对中国传统文论中一个突出思想，即孔子所谓"诗可以怨"，加以精辟的阐发，我们依据他的论证，才把李商隐、刘鹗和其他中国诗人作家的作品，与爱默生、霍夫曼斯塔尔、缪塞、格里巴尔泽、福楼拜、海涅、豪斯门等西方诗人作家的作品联系起来，讨论这些具体文字中珍珠的意象。

加拿大著名批评家弗莱主张大处着眼的原型批评，

他曾把批评比为观画,认为我们看画必须从画布前后退几步,才看得出整幅画的构图和布局,文学批评也应该如此,"我们往往也需要从一首诗前'后退'几步,才看得出其原型的组织"。维特根斯坦也有一个著名比喻,说读者读完他的论著,理解了他要说的意思之后,就应该忘掉他所说的话,就好像"爬完了楼梯之后,就该把梯子扔掉"。我想借用这两个比喻来说明,我们只有后退几步或者爬到高处,与孤立的单部作品及其文字细节取得一定距离之后,才可能达于更好的理解。而与此同时,我们在一定的批评距离上获得的理解,又可以让我们重新回到单部作品,以新的眼光来看这些作品,对它们有更敏锐的感觉、更高的鉴识力。在这个意义上来说,跨文化阅读可以让我们见出文学作品之间的联系,以一种令人兴奋的新发现的感觉,去探讨诗的意象和文学主题,就好像我们是第一次去阅读和理解一些文学名著,而如果我们把自己封闭在单一文化认同的狭隘心胸里,局限在自己团体的偏颇的眼光里,就根本达不到那样一种境界。确实,跨文化阅读可以使我们成为更高明的读者。

3

"这柔弱的一朵小花细皮娇嫩":
药与毒的变化之理

有时候跨文化阅读的乐趣在于一种新发现:本来毫不相干的不同文本,转瞬之间在思想和表达方面却不期而遇,发生意外的契合。文本越是不同,那种契合给人带来的满足感也就越大。这就好像我们让不同文本和不同思想互相碰撞,然后看这种互动究竟会产生出什么样的结果。东西方的文本当然很不相同,分别受各自传统中哲学、社会和政治环境等多方面的影响,可是无论两者有多大差异,一切文本都像弥尔顿笔下的大天使拉斐尔论及天下万物时所说的那样,"只是程度不同,在类别上却是一样"(《失乐园》V. 490)。文本细节各不相同,那是程度的问题,而文学主题可以相通,则是类别的问题。

我在这一章要探讨的主题,是文字表现人的身体以及身体的医治,是在比喻和讽寓(allegory)意义上理解的良药和毒药。不过我一开始要讨论的并不是文学的文本,而是一部汇集观察、回忆等多方面内容的笔记——作者一条条娓娓道来,像是退处蛰居的独白——那就是北宋博学多识的沈括所著《梦溪笔谈》。研究中国古代科技史的著名学者李约瑟曾称赞沈括,说他是"中国历代产生的对各方面知识兴趣最广的科学头脑之一"[1]。《梦溪笔谈》共有六百余条笔记,所记者凡传闻逸事、世风民情、象数乐律、医药技艺、神奇异事,无所不包。沈括在自序里说,他退处林下,深居简出,没有人来往,"所与谈者,唯笔砚而已,谓之笔谈"[2]。

此书卷二十四"杂志一"有十分有趣的一条记载,说作者一位表兄曾和几个朋友炼朱砂为丹,"经岁余,

---

[1] Joseph Needham, *Science and Civilisation in China*, vol. 2, Cambridge: Cambridge University Press, 1956, p. 267.
[2] 沈括撰、胡道静校注:《新校正梦溪笔谈》,香港:中华书局,1975,第19页。

因沐砂再入鼎,误遗下一块,其徒丸服之,遂发懵冒,一夕而毙"。对这一不幸事件,沈括评论说:"朱砂至良药,初生婴子可服,因火力所变,遂能杀人。"他接下去思索这药物可变之性,意识到朱砂既有为人治病之效,又有杀人致命之力,于是总结说:"以变化相对言之,既能变而为大毒,岂不能变而为大善;既能变而杀人,则宜有能生人之理。"[①]这短短一条笔记告诉我们,生与死、药与毒,不过是同一物相反并存之两面,二者之间距离之近薄如隔纸,只需小小一步,就可以从一边跨到另一边。

沈括另有一则故事,其要义也在说明同一物可以有相反功用互为表里,既可为药,亦可为毒,既能治病,亦能致命。不过这一回却是一个喜剧性故事,有个皆大欢喜的结局。沈括说:"漳州界有一水,号乌脚溪,涉者足皆如墨。数十里间,水皆不可饮,饮皆病瘴,行人皆载水自随。"有一位文士在当地做官,必须过那条可怕的河,而他素来体弱多病,很担心瘴疠为害。接下去

---

① 沈括撰、胡道静校注:《新校正梦溪笔谈》,第238页。

一段写得相当有趣，说此人到乌脚溪时，"使数人肩荷之，以物蒙身，恐为毒水所沾。兢惕过甚，睢盱矍铄，忽坠水中，至于没顶。乃出之，举体黑如昆仑，自谓必死。然自此宿病尽除，顿觉康健，无复昔之羸瘵。又不知何也"。① 这里发生的事又是完全出人意料，阴阳反转的。如果说在前面那个故事里，至良的朱砂变为致命的毒药，在这个故事里，对健康者有毒的溪水，对一个通身有病的人，反倒有神奇的疗效。在这两则故事里，正相反对的药与毒、善与恶，都并存在同一物里。

"乌脚溪"故事之所以有趣，并不止于良药与毒药的转化，从跨文化研究的角度来看，这故事还有某种寓意或讽寓的含义。在一部研究讽寓的专著里，安格斯·弗莱彻说："感染是基督教讽寓主要的象征，因为那种讽寓往往涉及罪与救赎。"② 沈括所讲"乌脚溪"故事固然并没有宗教寓意，故事中那人是身体有病，而不是精神或道德上虚弱，但这个故事又确实和基督教讽

---

① 沈括撰、胡道静校注：《新校正梦溪笔谈》，第244页。
② Angus Fletcher, *Allegory: The Theory of a Symbolic Mode*, Ithaca: Cornell University Press, 1964, p. 199.

·同工异曲·

寓一样,有污染、感染和最终得救这类象征性意象。那人坠入毒水之中,反而"宿病尽除",全身得到净化。由此可见,"乌脚溪"故事虽然用意和基督教讽寓完全不同,却又有点类似基督教讽寓中的炼狱,因为二者都是描述通过折磨和痛苦而最终得到净化。西方又有所谓同类疗法(homoeopathy),即以毒攻毒,用引起疾病的有毒物品来治疗同种疾病,与此也颇有相通之处。

弗莱彻引用另一位学者的话,说"拉丁文的'感染'(infectio)这个字,原意是染上颜色或弄脏",而"这个字的词根inficere的意义,则是放进或浸入某种液汁里,尤其是某种毒药里,也就是玷污,使某物变脏、有污点或腐败"。[1]这些话听起来岂不正像在描绘"乌脚溪"对正常人所起的作用,即染上颜色、弄脏、玷污、感染吗?沈括说,人们一到乌脚溪,"涉者足皆如墨",而且"数十里间,水皆不可饮,饮皆病瘴",就是说这里的毒水会使人染上疾病。不过这故事在结尾突然一转,有毒的溪水对一个通身有病的人,想不到却有

---

[1] Fletcher, *Allegory*, p. 200n.

· 3 "这柔弱的一朵小花细皮娇嫩":药与毒的变化之理 ·

神奇的疗效。但是沈括这个故事如果说有什么道德或讽寓的含意,却并未在文中点出,而对致命与治病之辩证关系,也没有做任何发挥。然而在中国文化传统中,对这一辩证关系却早已有所认识,沈括写毒药与良药之转换,却也并非是前无古人的首创。

比沈括早大概两百多年,唐代著名诗人刘禹锡有短文《因论七篇》,其中一篇为《鉴药》。此篇以刘子自述的口吻,写他得了病,食欲不振,头晕目眩,全身发热,"血气交渗,炀然焚如"。有朋友介绍他看医生,这医生给他把脉,察看舌苔颜色,听他的声音,然后告诉他说,他是由生活起居失调,饮食不当而引发疾病的,他的肠胃已经不能消化食物,内脏器官已经不能产生能量,所以整个身躯就像一个皮囊,装了一袋子病。医生拿出一小块药丸,说服用之后,可以消除他的病痛,但又说:"然中有毒,须其疾瘳而止,过当则伤和,是以微其齐也。"就是说这药有毒,只能少量服用,而且病一好就必须立即停药,吃过量会伤害身体。他按照医生指点服药,很快病情好转,一个月就痊愈了。

·同工异曲·

就在这时,有人来对他说,医生治病总要留一手,以显得自己医术精深,而且故意会留一点病不完全治好,以便向病人多收取钱财。他被这一番话误导,没有遵医嘱停药,反而继续服用,但五天之后,果然又病倒了。他这才意识到自己服药过量,中了药里的毒,便立即去看医生。医生责怪了他,但也给了他解毒的药,终于使他渡过险关。他深为感慨,不禁叹道:"善哉医乎!用毒以攻疹,用和以安神,易则两踬,明矣。苟循往以御变,昧于节宣,奚独吾侪小人理身之弊而已!"①他终于明白,用有毒的药治病,用解毒的药安神,两者不可改易,否则就会出问题。他由此还悟出一个道理,即在变动的环境中如果固守老一套路子,不懂得顺应变化和一张一弛的道理,最后带来的危害就不仅止于一个人身体的病痛了。在《鉴药》这篇文章里,突出的又是毒药和良药的辩证之理,同一物既可治病,又可伤人,一切全在如何小心取舍和平衡。

刘禹锡此文从药物相反功能的变化引出一个道理,

---

① 刘禹锡:《因论七篇·鉴药》,《刘禹锡集》(全二册),上册,北京:中华书局,1990,第77页。

3 "这柔弱的一朵小花细皮娇嫩":药与毒的变化之理

而那道理显然远远超出"吾侪小人理身之弊"的范围。在中国古代政治思想中,"理身"常常可比"治国",刘禹锡要人懂得一张一弛的道理,不要"循往以御变,昧于节宣",就显然想到了这一点。刘禹锡文中点到即止的这一比喻,在三百多年之后李纲的著作里,就得到了明确的表达。李纲是宋时人,他出生时沈括已经五十多岁。金兵入侵时,李纲主战而受贬谪,后来高宗南渡,召他为相。他整军经武,怀着收复失地的抱负,可是南宋小朝廷一意偏安,他又受到主和派的排挤,终于抱恨而去。他有一篇文章叫作《论治天下如治病》,其中就把人体、国家、药物等作为比喻来加以发挥,讨论他当时面临的政治问题。李纲首先肯定说:"膏粱以养气体,药石以攻疾病。"然后发挥治天下如治病的比喻,认为"仁恩教化者,膏粱也。干戈斧钺者,药石也",管理善良的臣民需要文治,"则膏粱用焉",铲除强暴、镇压祸乱又需要武力,"则药石施焉。二者各有所宜，时有所用，而不可以偏废者也"。①

李纲还有一篇《医国说》，也是把治国和治病相联系。此文一开头就说"古人有言：'上医医国，其次医疾'"，然后把国家政体比喻成人体，而国家面临的各种问题也就像人体各部分器官遇到的疾病。他说：

> 天下虽大，一人之身是也。内之王室，其腹心也。外之四方，其四肢也。纲纪法度，其荣卫血脉也。善医疾者，不视其人之肥瘠，而视其荣卫血脉之何如。善医国者，不视其国之强弱，而视其纲纪法度之何如。故四肢有疾，汤剂可攻，针石可达，善医者能治之。犹之国也，病在四方，则诸侯之强大，藩镇之跋扈，善医国亦能治之。②

李纲乃一代名相，他之所论当然是中国传统政治

---

① 李纲：《论治天下如治病》，《梁溪集》卷一百五十，载《文渊阁四库全书》，上海：上海古籍出版社，1987，影印本，第1126册，第648a页。
② 李纲：《医国说》，《梁溪集》卷一百五十七，同上书，第683b—684a页。

·3· "这柔弱的一朵小花细皮娇嫩":药与毒的变化之理·

思想中对治国的一种比喻,可是以人的身体器官来描述国家政体,而且把人体和政体与医生治病相关联,就不能不令人联想起西方关于大宇宙和小宇宙互相感应(correspondence)的观念,还有西方关于政治躯体(body politic)的比喻,而这观念和比喻从中世纪到文艺复兴,乃至到现代,在西方传统中都随处可见。① 事实上,西方关于政体的观念可以一直追溯到柏拉图,他曾"把一个治理得当的国家与人体相比,其各部分器官可以感觉到愉快,也可以感觉到痛苦"②。12世纪著名政治哲学家索尔兹伯里的约翰(1120—1180)比沈括晚生九十余年,比李纲晚四十余年,他曾概述古罗马史家普鲁塔克(Plutarch)的著作,说君主是"国家的头

---

① 弗莱彻在论及人体和政体的比喻时说,法国作家加缪(Albert Camus)的现代讽寓小说《鼠疫》(*La Peste*)就是"以老鼠传播的疫疾来比喻侵略者军事占领(即纳粹占领奥兰)的瘟疫以及连带的政治疾病"。参见Fletcher, *Allegory*, p. 71。关于大宇宙和小宇宙的感应观念,尤其这种观念在16—17世纪英国文学中的表现,蒂利亚德著《伊丽莎白时代的世界图像》(E. M. W. Tillyard, *The Elizabethan World Picture*, New York: Macmillan, 1944)仍然是很有参考价值的一本小书。

② Plato, *Republic* V, 464b, in *The Collected Dialogues of Plato*, p. 703.

脑"，元老院是心脏，"各行省的法官和总督"则担负起"耳、目和喉舌的任务"，军官和士兵是手臂，君主的助手们则"可以比为身体的两侧"。他接下去把管理钱财银库的官员比为肚子和肠胃，强调这是最容易腐败感染的器官。他说：

> 司库和簿记官（我说的不是监狱里管囚犯的小吏，而是管理国库的财政官员）好像肚子和内脏。他们如果贪得无厌，又处心积虑聚敛搜刮起来的脂膏，就会生出各种各样无法治愈的疾病来，而且会感染全身，导致整个躯体的毁坏。①

西方关于政体比喻这一经典表述，和李纲治国如治病的比喻相当近似，两者都把社会政治问题比为人身上有待医生治疗的疾病。由此可见，在中国和西方思想传

---

① John of Salisbury, *Policraticus: Of the Frivolities of Courtiers and the Footprints of Philosophers*, 5:2, in *Medieval Political Theory–A Reader: The Quest for the Body Politic, 1100–1400*, eds. Cary J. Nederman and Kate Langdon Forhan, London: Routledge, 1993, pp. 38–39.

· 3 "这柔弱的一朵小花细皮娇嫩":药与毒的变化之理 ·

统中,都各自独立地形成类似比喻,即以人体和人的疾病来比喻国家及其腐败。

索尔兹伯里的约翰对肚子和肠胃的评论,认为那是容易腐化的器官,说明疾病不只有外因,还有自己引发的内因。在西方,肚子和身体其他器官争吵是一个有名的寓言,最早见于古希腊伊索寓言,中世纪时由法兰西的玛丽(Marie de France)复述而广为流传,1605年由威廉·卡姆登(William Camden)印在《余谈》(*Remains*)一书里,在莎士比亚《科利奥兰纳斯》(*Coriolanus*)一剧的开头(I. i. 96),更有十分精彩的变化和应用。"有一次,人身上各种器官对肚子群起而攻之",控诉肚子"终日懒惰,无所事事",却无功受禄,吞没所有的食物。总而言之,大家都指责肚子贪得无厌,聚敛脂膏。肚子不仅以各有所司、各尽所能的观念作答,而且特别强调社会等级各有次序,说这对于秩序和统一至为重要。"我是全身的储藏室和店铺",莎士比亚笔下的肚子不无自傲地宣布:

我把一切都通过你们血脉的河流

> 送到心脏的宫廷，头脑的宝座，
> 最强健的神经和最细微的血管
> 都由人身上大大小小的宫室管道，
> 从我那里取得气血精神，
> 才得以存活。
>
> （I. i. 133）

在这个寓言原来的版本里，手脚等器官不愿喂养肚子，拒绝工作，但整个身体很快就垮掉了。政治的躯体也同样是不同器官的统一体，一旦其等级秩序被打乱，遭到破坏，这个有机体也就会变得虚弱，产生疾病。莎士比亚《特洛伊罗斯与克瑞西达》（*Troilus and Cressida*）中尤利西斯（Ulysses）关于"等级"那段著名的话，就相当巧妙地利用了这一观念，也利用了疾病和药物十分鲜明的意象。尤利西斯把太阳描绘成众星球之王，"其有神奇疗效的眼睛可以矫正灾星的病变"（I. iii. 91）。"一旦动摇了等级"，尤利西斯继续使用医疗的比喻说，"全部伟业就会病入膏肓"（I. iii. 101）。要治疗政体的疾病，毒药和良药都各有用处。《两亲相争》(*The Two Noble Kinsmen*)中公认为莎士比亚所写的一节里,阿塞特对战神祈祷,把战神描绘成一个用暴烈手段来治病的医生。阿塞特呼唤战神说:

> 啊,矫正时代错乱的大神,
> 你撼动腐败的大国,决定
> 古老家族的盛衰,用鲜血
> 治愈患病的大地,清除世间
> 过多的人口!
>
> (V. i. 62)

正如前面李纲说过的,"干戈斧钺者,药石也",为治理一个有病的国家,就必须"聚毒药,治针砭"。西方的政体有病,治疗起来也是采用暴烈的方法。阿塞特呼唤战神,就把战争比为放血,而那是中世纪以来治疗许多疾病的办法。在那种原始的治疗过程中,让人流血恰恰成了给人治病的手段。莎士比亚的悲剧《雅典的泰门》(*Timon of Athens*)结尾,艾西巴第斯(Alcibiades)带领军队向腐败的城市推进时,最后所说

·同工异曲·

那段话也正是这样的意思:

> 我要把橄榄枝和刀剑并用:
>
> 以战争带来和平,让和平遏制战争,
>
> 使它们成为彼此治病的医生。
>
> (V. iv. 82)

这里又是以医疗的语言和意象来取譬,战争与和平像医生开的处方,可以互相治疗彼此的疾病。于是我们在此又看到,致命与治病、毒药与良药、杀戮与治愈等相反又相成,无论治国还是治人,这些都是同一治理过程使用的两种互相联系而又互相冲突的手段。

有趣的是,在中国古代,《周礼·天官》为医生所下的定义早已经包含了这样相反的两个观念,说是"医师掌医之政令,聚毒药以共医事"。郑玄注说:"药之物恒多毒。"[①]在一定意义上,中国古代这个定义已涵盖了现代医学的基本原理,因为正如迈克尔·罗伯茨所

---

① 《周礼注疏》,阮元校刻《十三经注疏》(全二册),上册,北京:中华书局,1980,第666页。

说，现代医学把治疗理解为"一种控制性的施毒，其中有疗效的物品都有不可忽视的内在毒性"[①]。从这一观点出发，我们就很能理解，沈括所记逸事中的朱砂何以会变质，刘禹锡所讲故事中过量的药，又何以会对人产生毒害。罗伯茨还说，现代治疗学基本上接受了"威廉·威瑟林（William Withering）1789年发表的权威性意见，即'小剂量的毒品是最佳的药；而有用的药物剂量过大，也会变得有毒'"。罗伯茨又重述"帕拉塞尔苏斯（Paracelsus）的学说，认为'物皆有毒，天下就没有无毒的物品；只有剂量才使物品没有毒性'"[②]。由此可见，东西方这些极不相同的文本说的都是同一个道理，这也就透露了中西文化传统在理解治疗学的性质上，在认识良药与毒药之相对而又相辅相成的辩证关系上，有令人惊异的相通之处。

西方医药界正式承认的职业标志，是一条棍棒上面绕着两条蛇，这也暗示毒药和医疗之间密切的关系。

[①] Michael Roberts, *Nothing Is Without Poison: Understanding Drugs*, Hong Kong: The Chinese University Press, 2002, p. 8.
[②] Ibid., p. 13.

·同工异曲·

那是希腊神话中大神的信使赫耳墨斯（Hermes）手中所执具有神力的魔杖，古罗马诗人维吉尔曾在诗中描绘此杖，说它能够——

唤起

地狱中苍白的鬼魂，或将其打入深渊，

让人睡去或者醒来，开启死者已闭的双眼。[①]

论者对此杖上两条蛇的寓意，曾有各种不同的解释，但这两条凶猛的蛇显然与治愈疾病的力量有关联。赫耳墨斯手执此杖，把死者的亡魂引入冥界，但他也能够让死者复活（"开启死者已闭的双眼"），带他们重返人间，这又指出生与死、致命和治病这样的二重性。希腊神话中的医药之神阿斯克勒庇俄斯（Asclepius），也是手执一根木杖，上面缠绕着一条蛇。唐人段成式的《酉阳杂俎》多记载一些怪异之事，其中就有一种"兰蛇，首有大毒，尾能解毒，出梧州陈家洞。南人以

---

① Virgil, *The Aeneid of Virgil*, IV, trans. Rolfe Humphries, New York: Charles Scribner's Sons, 1951, p. 95.

3 "这柔弱的一朵小花细皮娇嫩": 药与毒的变化之理

首合毒药,谓之兰药,药人立死。取尾为腊,反解毒药"①。从科学的观点来看,这很难说是准确的观察,可是蛇能产生毒药,又能产生解药,的确已为现代科学研究所证实。一位研究蛇蛋白的专家安德烈·梅内就认为,蛇毒很可能成为"有效对抗各种疾病的多种药物之来源"②。有趣的是,梅内借用中国古代的一个观念来解释他所做医学研究的原理。他说:"阴阳,古代中国这一种二元理论完全适用于解释毒药。最初一眼看来,毒品对人有危害。然而毒物及所含成分却可能是一个金矿,从中可以开采出新的药来。"③

毒性和药性这一内在的二元性,在希腊文的

---

① 段成式:《酉阳杂俎》,北京:中华书局,1981,第170页。
② André Ménez, *The Subtle Beast: Snakes, from Myth to Medicine*, London: Taylor & Francis, 2003, p. 17.
③ Ibid., p. 139.
最近,《纽约时报》报道说,澳洲墨尔本大学的生物学家布莱恩·弗莱(Bryan Fry)博士发现,蛇毒在医学上很有价值。他说:"如果你把蛇都杀死,你很可能就杀掉了即将发现的极具效力的良药。"见《纽约时报》2005年4月5日F1版(Carl Zimmer, "Open Wide: Decoding the Secrets of Venom", *New York Times*, April 5, 2005, p. F1)。

pharmakon这个词里也表现得很明确，因为这个词既表示医药，又表示毒药。德里达在解构柏拉图对话的文章里，在批评他所谓"柏拉图的药房"时，就拿这个希腊词的二元性来借题发挥。德里达说："pharmakon这个词完全陷于表意的链条之中。"[①]他又说："这个pharmakon，这个'药'字，既是药又是毒药这一药剂，已经带着它所有模棱两可的含混，进入话语的躯体之中。"[②]德里达之所以对这基本而内在的含混感兴趣，是因为这种含混有助于破坏意义的稳定，可以完全超出柏拉图作为作者本人的意图，也超出柏拉图作为作者对文本的控制。所以在pharmakon这个词被译成"药物"时，尽管在特定上下文的语境里完全合理，德里达也坚持说，那种翻译完全忽略了"实实在在而且能动地指向希腊文中这个词的别的用法"，也因此破坏了"柏拉图字形变动的书写"。德里达极力强调的是柏拉图文本中语言本身内在的含混性，他坚持认为"pharmakon这个词

---

① Jacques Derrida, "Plato's Pharmacy", in *Dissemination*, trans. Barbara Johnson, Chicago: The University of Chicago Press, 1981, p. 95.
② Ibid., p. 70.

· 3 "这柔弱的一朵小花细皮娇嫩":药与毒的变化之理 ·

哪怕意思是'药物'时,也暗示,而且一再暗示,这同一个词在别的地方和在另一个层面上,又有'毒药'的意思"①。对柏拉图的对话,德里达做了一次典型的、颇为冗长的解构式细读,力求打乱柏拉图对正反两方面的区分,并且动摇柏拉图对同一个词相反二义的控制。德里达说柏拉图极力防止"药转为医药,毒品转为解毒品",但是"在可以做出任何决定之前",pharmakon这个词早已包含了那根本的含混性。德里达最后总结说:"pharmakon的'本质'就在于没有固定的本质,没有'本来'的特点,因此在任何意义上(无论玄学、物理、化学或炼金术的意义上),它都不是一种'物质'。"②

我们在前面讨论过的各种中西方文本,当然处处都在证明药物没有一个固定不变的本性,只不过这些文本

---

① Derrida, "Plato's Pharmacy", in *Dissemination*, p. 98.
② Ibid., pp. 125–126. 虽然德里达讨论pharmakon揭示出这个希腊词和概念的二重性,但他并没有在论莎士比亚《罗密欧与朱丽叶》的文章里,发挥他关于二重性的见解,因为他讨论此剧时注重的是命名和格言的问题。参见Jacques Derrida, "Aphorism Countertime", in *Acts of Literature*, ed. Derek Attridge, New York: Routledge, 1992, pp. 414–433。

不像高谈理论的文章那样，把语言文字弄得那么玄之又玄，晦涩难解。德里达的目的在于动摇任何物质的稳定性，但对我们前面讨论过的其他作者来说，恰好是事物一时相对稳定的性质会形成治疗或致命的效力。对于像pharmakon这样有相反含义的词，在语言的实际运用中，在人生的现实境况中，都往往需要做出明确区分，一旦决断，就无可反悔，而正是这样的后果会构成人生以及艺术当中的悲剧性（或喜剧性）。

我们讨论了中国和西方关于人体、良药和毒药以及医术等的比喻，从中悟出一点道理，得出一些见解，就可以帮助我们从跨文化的角度来解读莎士比亚，尤其是解读《罗密欧与朱丽叶》。因为我认为在这个剧中，政治躯体的观念以及良药和毒药的辩证关系，都是构成剧情并推进剧情发展的关键和主题。在这个悲剧行动的核心，有一连串迅速发生的事件：罗密欧被放逐，劳伦斯神甫给朱丽叶一剂药，使她伪装死去；劳伦斯神甫给罗密欧的信突然受阻，未能送到；最后是悲剧性结局，罗密欧服毒而死，朱丽叶用匕首自杀。药剂和毒药、神甫和卖药者、爱与恨，我们在剧中到处发现这样的对立

·3 "这柔弱的一朵小花细皮娇嫩":药与毒的变化之理

力量,正是它们使此悲剧得以一步步发展。悲剧的背景是蒙太古和凯普莱特两个家族的世仇,这世仇就好像维洛那城患的一场疾病,最终要牺牲两个恋人才能治愈。于是罗密欧与朱丽叶的爱,就不只是两个年轻恋人的私事,而是治愈一个有病的城邦和社群的手段,是给维洛那止血去痛的良药。劳伦斯神甫同意为罗密欧与朱丽叶秘密主持婚礼,就正是看到了这一点,所以他说:"在有一点上,我愿意帮助你们,/因为这一结合也许有幸/把你们两家的仇恨转变为相亲。"(II. iii. 86)后来事情果然如此,但却不是按照神甫本来的意愿那样进行。罗密欧与朱丽叶的爱不仅有悲剧性,而且具有拯救的性质;如果那只是两个年轻人的爱,没有救赎和化解世仇的重要社会价值,也就不成其为悲剧。因此,他们的爱是治疗两家世仇的一剂良药,但对两位情人而言,那却又是致命的药,而与此同时,对于维洛那城来说,那药又证明很有疗效。在此剧结尾,他们的爱情和牺牲的社会性质得到了公众的承认,因为在维洛那,将"用纯金"铸造这两位情人的雕像,象征和睦和仇恨的化解,意味着城邦终将恢复和平与秩序。

现在让我们考察一下此剧文本的细节。此剧开场，就有合唱队在剧前的引子里告诉我们说，这悲剧发生"在美丽的维洛那，我们的场景……公民的血使公民的手玷污不净（Where civil blood makes civil hands unclean）"。蒙太古和凯普莱特两家的血仇使维洛那城流血不止，所以政治躯体的观念在此为全剧的行动提供了一个带普遍性的背景。这里重复两次的civil一词，特别有反讽的意味，因为维洛那城流"公民的血"的世仇，一点也不civil（"公民的""文明的""有礼貌的"）。正如吉尔·利文森所说，"在这里，这个重复的词就为维洛那城的各种矛盾定了基调，产生出概念的反对，一种词语的反转（synoeciosis or oxymoron）"①。我们在良药和毒药相反而相成的关系中看到的，当然正是矛盾和反转。这里提到维洛那或特定的意大利背景，也自有特别意义。因为在伊丽莎白时代和詹姆斯王时代的英国，由于长期以来与罗马天主教会为敌，也由于误

---

① Jill L. Levenson, "Shakespeare's *Romeo and Juliet*: The Places of Invention", in *Shakespeare Survey* 49, ed. Stanley Wells, Cambridge: Cambridge University Press, 1996, p. 51.

· 3 "这柔弱的一朵小花细皮娇嫩":药与毒的变化之理 ·

解马基雅维里(Niccolò Machiavelli)的著作,在一般英国人的想象中和英国戏剧表演的套路里,都把意大利与放毒和阴险的计谋紧密相连。16世纪一个与莎士比亚同时代的作家法因斯·莫里森就说:"意大利人善于制造和使用毒药,早已得到证明,不少国王和皇帝都从那混合着我们救世主珍贵圣血的杯子里饮下毒药而亡。"他还说:"在我们这个时代,施毒的技艺在意大利据说连君主们也会尝试使用。"① 这里说的好像正是《罗密欧与朱丽叶》中的维洛那,那是一个相当阴暗的地方,而正是在那个背景之下,特别由朱丽叶所代表的光明的意象,才显得格外突出。然而,在服用劳伦斯神甫为她准备的药剂之前,甚至连朱丽叶也有过那么短暂一刻的疑虑,怀疑"万一那是神甫调制的一剂毒药,要我在服

---

① Fynes Moryson, *Shakespeare's Europe*, ed. Charles Hughes, London: Benjamin Blom, 1903, p. 406; quoted in Mariangela Tempera, "The Rhetoric of Poison in John Webster's Italianate Plays", in *Shakespeare's Italy: Functions of Italian Locations in Renaissance Drama*, eds. Michele Marrapodi, A. J. Hoenselaars, Marcello Cappuzzo and L. Falzon Santucci, Manchester: Manchester University Press, 1997, p. 231.

用之后死去"（IV. iii. 24）。当然，朱丽叶很快就下定决心，与其被迫第二次结婚，而背弃与罗密欧的婚姻，倒不如相信神甫可以解救她脱离困境。然而神甫的药剂并未能帮她逃出困境，反而出乎意料，最终造成两位情人的悲剧性之死。因此最终说来，神甫希望能救人的药剂，和最后毒死罗密欧的毒药并没有什么两样。

让我们重新回顾一下，古代中国为医师下的定义是"聚毒药以共医事"。莎士比亚同时代剧作家约翰·韦伯斯特（John Webster）在其描写阴谋与复仇的著名悲剧《白魔》（*The White Devil*）里，对医生的描述也恰好如此："医师们治病，总是以毒攻毒。"（III. iii. 64）有论者评论此言说："以这句话，弗拉密诺便把医师的职业与施毒者的勾当，放在同一个阴暗的角落里。"[①]在《罗密欧与朱丽叶》中，医师和施毒者之间界限模糊，正是一个重要的主题，而罗密欧在曼都亚一间破旧不堪的药铺买了剧毒的药剂之后说的一段话，更特别点出了这个主题。他对卖药人说：

---

① Tempera, "The Rhetoric of Poison in John Webster's Italianate Plays", in *Shakespeare's Italy*, p. 237.

3 "这柔弱的一朵小花细皮娇嫩":药与毒的变化之理

> 把你的钱拿去——在这令人厌倦的世界上,
> 比起那些禁止你出售的可怜的药剂,
> 这才是害人灵魂更坏的毒药,杀人更多,
> 是我卖了毒药给你,你并没有卖药给我。
>
> (V. i. 80)

罗密欧用这几句话,就颠倒了金钱与毒药的功用,也颠倒了卖毒药的人和付钱买毒药的顾客之间的关系。

罗密欧的语言始终充满矛盾和词语转换,上面所引那几句话,不过是许多例子当中的一例而已。在此剧开头,罗密欧还没有上场,老蒙太古已经把儿子的失恋描述成一种病,说"他这样幽暗阴郁绝不是什么好兆头,/除非良言相劝可以除掉他心病的根由"(I. i. 139)。罗密欧一上场第一番台词,就是矛盾和反语的典型,几乎把相反的词语推到了极点:

> 啊,互相争斗的爱,互相亲爱的恨,
> 啊,无中可以生有的神秘!
> 啊,沉重的轻松,认真的空虚,

> 看似整齐，实则畸形的一片混乱，
>
> 铅重的羽毛，明亮的浓烟，冰冷的火，有病的强健，
>
> 永远清醒的沉睡，似非而是，似是而非！
>
> 我感觉到爱，却又没有爱在这当中。
>
> （I. i. 174）

正如弗兰克·克莫德所说，"这里真是相反词语的家园"①。所以，虽然这些夸张而自相矛盾的话表现罗密欧还没有遇见朱丽叶之前，自以为爱上罗莎琳而又失恋时混乱的情绪，我们却不应该把这些精心建构起来的矛盾词语轻轻放过，以为这不过是表露年轻人对爱情的迷恋，缺乏感情的深度。罗密欧的语言后来也确实有所改变，更具有诗意的抒情性。克莫德指出，罗密欧被放逐到曼都亚，向卖药人购买毒药之前，在语言上更有值得注意的变化——"他不再有关于爱情精心雕琢的比喻，也不再有关于忧郁的奇特幻想，却直接面对问题。

---

① Frank Kermode, *Shakespeare's Language*, London: Penguin, 2000, p. 54.

3 "这柔弱的一朵小花细皮娇嫩": 药与毒的变化之理

他对仆人说: '你知道我的住处,给我准备好纸和墨,雇几匹快马,我今晚就要出发。'"(V. i. 25)[①]可是我们在前面已看到,在这之后不久,罗密欧对卖药人讲话,就颠倒了卖毒药和买毒药之间的关系。所以哪怕他说的话变得更直截了当,但在他的语言中,却自始至终贯穿着矛盾的对立面互相转换的辩证关系。

修辞和文本的细节在改变,但在全剧中,爱与死、良药和毒药相反而又相成的二元性主题,却始终没有改变。对立的两面不仅相反,而且是辩证的,可以相互转换。正如弗莱所说: "我们通过语言,通过语言中使用的意象,才真正理解罗密欧与朱丽叶的 *Liebestod*,即他们热烈的爱与悲剧性的死如何密不可分地连在一起,成为同一事物的两面。"[②]在这个意义上说来,劳伦斯神甫为朱丽叶调制的药剂与罗密欧在曼都亚购买的毒药,就并非彼此相反,却是"密不可分地连在一起,成为同

[①] Kermode, *Shakespeare's Language*, p. 58.

[②] Northrop Frye, "Romeo and Juliet", in *Modern Critical Interpretations: William Shakespeare's Romeo and Juliet*, ed. Harold Bloom, Philadelphia: Chelsea House Publishers, 2000, p. 161.

·同工异曲·

一事物的两面",和我们在前面讨论过的中国古代文本一样,都说明同一药物既有治病的疗效,又有致命的毒性。

在《罗密欧与朱丽叶》中,劳伦斯神甫出场时有一大段独白(II. i. 1-26),最清楚详细地讲明了世间万物相反又相成,良药与毒药可以互换转化的道理。他一大早起来,一面在园子里散步,采集"毒草和灵葩"放进手拐的篮子里,一面思索事物辩证转化之理,感叹大地既是生育万物的母胎,又是埋葬万物的坟墓,善与恶在事物中总是密切连在一起,稍有不慎,就会打破二者的平衡:"运用不当,美德也会造成罪过,/而行动及时,恶反而会带来善果。"(II. iii. 17)他接下去又说:

> 这柔弱的一朵小花细皮娇嫩,
> 却既有药力,又含毒性;
> 扑鼻的馨香令人舒畅,沁人心脾,
> 但吃进口中,却让人一命归西。
> 人心和草木都好像有两军对垒,
> 既有强悍的意志,又有善良慈悲;

3 "这柔弱的一朵小花细皮娇嫩":药与毒的变化之理

一旦邪恶的一面争斗获胜,

死就会像溃疡,迅速扩散到全身。

(II. iii. 19)

神甫在这里提到"这柔弱的一朵小花",令人想起沈括所讲逸事中的朱砂和刘禹锡自叙故事中的药丸,因为它们都共同具有同一物质的二元性,都既是良药,又是毒药,既有治病的功效,又有毒杀人的相反效力。这些都不仅仅是相反的性质,而且是可以互换的性质,而有趣的是,英国皇家莎士比亚剧团扮演劳伦斯神甫极为成功的演员朱利安·格洛弗,正是借助于中国阴阳互补的观念,来理解神甫那一长段独白,揣摩他如何思考自然及世间万物相反力量的微妙平衡。在谈到劳伦斯神甫的性格时,格洛弗认为在那段长长的独白里,神甫在感叹"万物的多样性",并且试图"用'柔弱的一朵小花'既有药力,又含毒性这样一个极小的例子,来说明那宏大的主题,即阴阳互补,任何事物都包含完全相反的性质,所以世间才有平衡"。[①]在一定意义上,我们可以说《罗密欧与朱丽叶》这整个悲剧都是建立在这个"宏大的主题"之基础上,即一切事物都内在地具有相反性质,而且会互相转换,良药和毒药的转化就是最令人惊惧的例证。我在前面已经说过,劳伦斯神甫为朱丽叶准备了一剂药,他派人给罗密欧送信,信却因半途受阻而未能送达,这些都是关键,最终造成悲剧灾难性的后果。所以神甫在花园里的独白,就带有悲剧预言那种不祥的暗示意味,可是那预言的意义神甫自己在当时也不可能知道,而且完全超乎他一心想做好事的本意。由于事情的进展阴差阳错,完全无法预料,神甫最后竟然成了自己所讲那一通道理的反面例证,即他所谓"运用不当,美德也会造成罪过"。

然而莎士比亚的读者、观众和批评家们,都并不总能充分理解和欣赏良药和毒药之二元性这一中心主题。

---

① Julian Glover, "Friar Lawrence in *Romeo and Juliet*", in *Players of Shakespeare 4: Further Essays in Shakespearian Performance by Players with the Royal Shakespeare Company*, ed. Robert Smallwood, Cambridge: Cambridge University Press, 1998, p. 167.

· 3 "这柔弱的一朵小花细皮娇嫩"：药与毒的变化之理 ·

琼·霍尔默就说过，现代读者往往不假思索，就认为劳伦斯神甫那一长段独白不过是老生常谈，不值得深思，可是这样一来，他们就忽略了"莎士比亚设计的这段话当中的独创性"[①]。甚至阿登版莎士比亚《罗密欧与朱丽叶》的编者布赖恩·吉本斯在论及神甫的语言时，也贬之为"格式化的说教，毫无创意而依赖一些陈词滥调、刻板的套路"[②]。可是把莎士比亚剧本和此剧所直接依据的作品，即阿瑟·布鲁克（Arthur Brooke）的长诗《罗梅乌斯与朱丽叶》（*Romeus and Juliet*）比较起来，莎剧里神甫的形象显然拓展了很多，而他那段独白里表露出来的哲理，也为我们理解这出悲剧的行动和意义提供了最重要的线索。正如朱利安·格洛弗认识到的，"柔弱的一朵小花"那极小的例子，可以说明阴阳互补的"宏大的主题"，良药与毒药微妙的平衡；在更普遍的意义上，这个例子也暗示出由幸运转向不幸，由

---

① Joan Ozark Holmer, "The Poetics of Paradox: Shakespeare's versus Zeffirelli's Cultures of Violence", *Shakespeare Survey* 49, p. 165.
② Brian Gibbons, Intro, to *Shakespeare: Romeo and Juliet*, ed. Brian Gibbons, London: Methuen, 1980, p. 66.

善良的意愿导致灾难性结果的悲剧性结构。

亚里士多德早已指出过，转化和认识是"悲剧打动人最重要的因素"①。在《罗密欧与朱丽叶》一剧中，转化不仅是戏剧行动关键的一刻，而且在戏剧语言中，在随处可见的词语矛盾中，在令人挥之不去的预示性意象中，都一直有某种暗示。神甫准备为罗密欧与朱丽叶主持婚礼这一"圣洁行动"时，他曾警告他们说："这样暴烈的快乐会有暴烈的结果，/就好像火接触火药，一接吻/就化为灰烬。"（II. vi. 9）这又像是具悲剧意味的谶语，因为这两位恋人最后都以身殉情，在临死前说的话里都回应着"接吻"一词。罗密欧在饮下毒药之前，对朱丽叶说："这是为我的爱干杯！卖药人啊，/你说的果然是实话，你的药真快。我就在这一吻中死去。"（V. iii. 119）朱丽叶醒来后想服毒自尽，说话时也重复了这一个意象："我要吻你的嘴唇。/也许上面还留下一点毒液，/好让我死去而重新与你会合。"（V. iii. 164）当然，转化还显露在聪明又一心想做好事的神甫身上。

---

① Aristotle, *Poetics*, 50a, trans. Richard Janko, Indianapolis: Hackett, 1987, p. 9.

3 "这柔弱的一朵小花细皮娇嫩":药与毒的变化之理

他曾警告罗密欧:"做事要慢而审慎;跑得太快反而会跌倒。"(II. iii. 90)可是到最后,正是他很快跑去坟地而跌倒:"圣芳济保佑!今夜我这双老腿/怎么老在坟地里跌跌撞撞。"(V. iii. 121)因此,从整个悲剧的结构到具体文本的细节,世间万物的二元性和对立面的转化都是《罗密欧与朱丽叶》一剧的核心,而劳伦斯神甫对"这柔弱的一朵小花"所包含的毒性与药力的思考,最明确地揭示了这一核心的意义。

劳伦斯神甫固然博学多识,深明哲理,可是无法预见自己计谋策划和行动的后果,然而到最后,众人却只能靠他来解释悲剧为什么会发生,如何发生。神甫在结尾的讲述并非只是重复观众已经知道的情节,因为在剧中所有的人物里,在那时刻他是唯一的知情人。他说的话又充满了词语的矛盾:

> 我虽然年老体衰,却有最大嫌疑,
> 因为时间和地点都于我不利,好像
> 我最可能犯下这恐怖的杀人罪。
> 我站在这里,既要控告我自己,

>也要为自己洗刷清白，证明无罪。
>
>（V. iii. 222）

神甫不能预见自己计划和行为的后果，其实正是产生悲剧的一个条件，因为这正显示出人类必有的悲剧性的局限，而他最后认识到这类局限也非常关键，因为他由此而表现出悲剧中另一个重要因素，即认识。亚里士多德说："认识，正如这个词本身意义指明的，是由不知转为知。"[①]朱丽叶在坟墓里醒来时，神甫力劝她离开这个"违反自然的昏睡且充满瘴气的死之巢穴"，在那个时刻，他已经认识到"我们无法违抗的一种更大的力量/已经阻碍了我们的计划"（V. iii. 151）。我们现代人的头脑总希望寻求一个符合理性的解释，所以神甫这句话很可能没有什么说服力，有些批评家也因此责怪劳伦斯神甫，甚至责怪莎士比亚，认为他们太过分地用偶然机缘来解释悲剧的发生。然而对于古典的和莎士比亚的悲剧观念而言，恰恰是"我们无法违抗的一种更大的

---

① Aristotle, *Poetics*, 52b, p. 14.

3 "这柔弱的一朵小花细皮娇嫩":药与毒的变化之理

力量"把悲剧行动推向命运的转折,造成一连串阴差阳错的事件,而这些事件"按照或然律或必然律"发展,自有其逻辑线索可循。[①]和索福克勒斯(Sophocles)伟大悲剧中的俄狄浦斯一样,悲剧主角为逃避厄运所做的每一件事情,都恰恰把他推向那似乎命中注定的厄运,引向必不可免的悲剧性结局。无论你怎样诚心做好事,你总是无法预知自己行为的后果,也无法控制这些后果。神甫在思考平衡与转换、善与恶、良药与毒药之相反相成时,岂不正是讲的这样一个道理吗?

《罗密欧与朱丽叶》成为莎士比亚最让人喜爱、最受欢迎的剧作之一,当然是由于年轻恋人的爱与死,由于诗剧语言之美,由于强烈的感情表现在令人印象深刻的意象和比喻里。不过我要指出的是,对立面的相反相成,尤其是良药与毒药的含混与辩证关系,构成整个剧的中心主题,使悲剧才成其为悲剧,而在剧中,是劳伦斯神甫对这个中心主题做了最令人难忘的表述。两个年轻恋人遇到困难,总是找神甫出主意,所以神甫的一

[①] Aristotle, *Poetics*, 52a, p. 14.

举一动，对剧情的发展都有决定性影响。如果没有神甫的祝福，罗密欧与朱丽叶就不可能成婚，没有神甫调制的药剂，朱丽叶就无法逃脱强加给她的第二次婚姻，但另一方面，悲剧也就不可能像剧中那样发生。所以从戏剧的观点来看，劳伦斯神甫实在是处于戏剧行动的中心位置，他所起的作用，也远比人们一般承认的要重大得多。

我想要再强调的一点是，我们是从跨文化阅读的角度，才得以更好地理解和欣赏这一中心主题的，因为我们把《罗密欧与朱丽叶》和沈括、刘禹锡、李纲等中国文人的著作一起阅读，才开始看出毒药与良药辩证关系的重要，才最明确地理解阴阳互补那"宏大的主题"，即同一事物中相反性质的共存和转换。让我们再看看沈括对朱砂既能杀人，又能治人之变化的本性所做的评论："以变化相对言之，既能变而为大毒，岂不能变而为大善；既能变而杀人，则宜有能生人之理。"这里突出的观念当然是药物既能治病，又能毒杀人的二重性。我们可以把这几句话与劳伦斯神甫的话并列起来，神甫所说是关于人与自然中相反力量的平衡，关于对立面的

·3 "这柔弱的一朵小花细皮娇嫩": 药与毒的变化之理 ·

辩证关系:

> 这柔弱的一朵小花细皮娇嫩,
> 却既有药力,又含毒性:
> 扑鼻的馨香令人舒畅,沁人心脾,
> 但吃进口中,却让人一命归西。
> 人心和草木都好像有两军对垒,
> 既有强悍的意志,又有善良慈悲。

文本这样相遇就明显地证明,在很不相同的文学和文化传统中,有思想和表达方式上出奇的共同性。我们要深入理解不同的文本,固然需要把它们放进各自不同的独特环境里,但超乎它们的差异之上,主题的模式将逐渐呈现出来,应把差异放在它们适当的位置上,并且显露人们的头脑在运作当中令人惊讶的相似,揭示人类在想象和创造当中的契合。良药与毒药的含混可以代表相反性质的辩证关系,而这种辩证关系也许正是自然和人类世界活动中最基本的模式之一,即事物的发展有推向其反面的趋势,而反转又很可能是一种复归。

4

"反者道之动":
圆、循环与复归的辩证意义

在前面一章的结尾,我提到相反性质的辩证转化是自然和人类活动中最基本的模式之一,而事物发展推向其反面又很可能是一种复归。在这一章里,我将继续探讨这一主题,看它在东西方不同的文本里如何展现。我想引美国诗人艾米莉·狄金森(Emily Dickinson)的几句诗,用一个文学的例子来开始探讨这个主题。在这首诗里,诗人描写"单独一只鸟"飞到空中,逐渐用"谨慎的旋律"充满天穹,直到鸟与天空融而为一,直到——

Element

Nor implement was seen,

4 "反者道之动":圆、循环与复归的辩证意义

And place was where the presence was,

Circumference between.

元素
或实行皆不可见,
在即为其所在,
只有圆周在于其间。

这些诗句描绘一只鸟向上高飞,消失在空中,似乎和英国诗人雪莱的《致云雀》互相呼应,因为雪莱也在诗里描写云雀融入傍晚的天空:

那淡紫色的夜空

融化在你周遭,随你飞行;

像白日映照之中

天上的一颗明星,

我看不见你,却听见你欢快的长鸣。

雪莱诗中还有这样一句:"从你之所在,降下旋

律之雨。"但除此之外，这两首诗就各不相同了，雪莱呼唤那"欢快的精神"来激励诗人，教给他"和谐的疯狂"和歌唱的快乐，而狄金森诗中那只鸟却似乎是诗人自己精神的延伸，那只鸟的飞翔也是以象征的形式来表现诗人自己的精神追求。艾伯特·格尔皮讨论狄金森的诗，认为"诗人要把自己的情感客观化，就无可避免地只能把情感体现为感性的形象和比喻。于是意识用外在世界来确定内在，又用内在世界来确定外在，围绕处于中心的自我划出各种各样的大圆弧来"[1]。这就是说，诗人的精神或意识总是活动于内在与外在世界之间，而狄金森很喜欢使用的"圆周"这个词，就是描述精神的循环活动，围绕处于中心的自我那个想象中的圆弧。正如格尔皮所说，圆周是狄金森"最常用来表示欢快的比喻"，"是活动中精神的象征"。[2]我要说的是，这首诗描绘的是活动中狄金森自己的精神，而且是用不同的时刻来点明的（即诗中的"在三点半""在四点半"

---

[1] Albert J. Gelpi, *Emily Dickinson: The Mind of the Poet*, Cambridge, Mass.: Harvard University Press, 1965, p. 102.

[2] Ibid., p. 120.

和"在七点半")。诗人的精神在想象中飞到宇宙的高处,而她自己却一点也没有动,因为诗人的意识完全稳定在此时此地,在她自己的居处。我认为她诗中难解的最后一句"只有圆周在于其间",就是这个意思,也就是说,在于她意识的自我和她的精神所达到的高度之间,而那看不见的鸟就象征着她的精神所达到的高度。换言之,诗中描写的活动是想象中的活动,是心灵或精神的活动,而不是身体实在的活动。

艾米莉·狄金森像一个隐士,一辈子都住在麻省阿默斯特的老家里,可是她的诗却证明她有极强的精神力量,她的精神可以超越一个极大圆周的外在界限而翱翔,追求无限与永恒。她的生活平凡,很少到别处走动,对比之下,她的理智和想象的创造力却在永不倦怠地探索意识生命的意义,即她那有名的所谓"圆周的事业"(business of Circumference)。当然,诚如哈罗德·布鲁姆所说,读大诗人的作品时,"我们会面临真正理智上的困难";尤其读狄金森的作品时,我们更会

"遭遇最真确的认识方面的困难"。[1]因此我绝不自以为已经解决了那些困难,确切知道狄金森在这首诗里要说的是什么,但我又觉得,我们似乎也并非没有理由认为,诗人在这里是用一个完美的圆来描述精神的旅程,描绘一个包含一切活动的圆周,而这活动是精神而非身体的,是产生无尽反转和复归的活动。这样解读这首诗,就可以把狄金森的作品和我在本章要讨论的其他一些文本联系起来,而这一章要讨论的主题,我在前面已经说过,是心灵的想象活动之表现,是以圆为形状的精神的追求。

在19世纪美国文学的范围里来看,自我及其精神追求的主题好像特别在一些重要作家那里引起反响,如爱默生、梭罗(Thoreau)、惠特曼(Whitman)和艾米莉·狄金森等人。圆周和圆圈的意象非常重要。爱默生在《论圆》这篇著名文章里说:"眼睛是第一个圆,眼睛形成的视野是第二个。"圆或循环运动因此成为"首要的形状",成为"世界符号中最高的图像。圣奥古斯

---

[1] Harold Bloom, Intro, to *Modern Critical Views: Emily Dickinson*, ed. Harold Bloom, New York: Chelsea House Publishers, 1985, p. 1.

丁把上帝的性质描述成一个圆,这圆的中心无所不在,其周边却无处可寻。我们一生都在解读这一首要形式极为丰富的含义"。①以此观点看来,圆乃一切形状中第一首要的形状,我们不仅要在自然和人类世界中,而且要在人类生活与自然环境的关系中,去解读其暗含的丰富意义。爱默生接着又说:"人的一生就是一个自我发展的圆,从一个极为细小的圆环开始,在各个方向无穷尽地向外扩展为更新更大的圆。"②正如劳伦斯·布尔所说,"《论圆》在爱默生所有文章中,最明确地阐明了创造能量不断超越自己的思想",也就是说,通过精神追求不断超越自我局限的思想。③这样专注于自我,或这种依靠自我(self-reliance)的精神,也就是哈罗德·布鲁姆所谓"美国宗教"的精神,而爱默生就是这一宗教的大预言家。布鲁姆说:"爱默生的心灵就是美国的心灵,那心灵最关切的便是美国宗教,而其最令

---

① Emerson, "Circles", in *Essays and Lectures*, p. 403.
② Ibid., p. 404.
③ Lawrence Buell, *Emerson*, Cambridge, Mass.: Harvard University Press, 2003, p. 123.

人难忘的名字就是'依靠自我'。"[①]按照这一观点来看,重视自我和依靠自我就成了独特的美国精神。

如果我们在爱默生、狄金森以及19世纪美国其他诗人、作家和宗教家的特殊范围内,来理解依靠自我以及圆和圆周的意象,依靠自我就的确好像是美国所独具的特色。可是我对这种美国特色的观念并不感兴趣,因为依靠自我和个人的精神追求绝不是文艺和哲学中美国独具的主题。要展开那个主题,我们只需把上面所引爱默生文中重要的一段提到圣奥古斯丁的地方略加考察,把它摆放到适当的环境里去就可以了。说上帝即神之存在乃是"一个圆,这圆的中心无所不在,其周边却无处可寻",圣奥古斯丁既不是第一人,也不是最后一人。15世纪时,库萨的尼古拉认为人的知识都是相对而且有限的,而认识到这种局限便是获得他所谓"关于无知的智慧"(docta ignorantia)。他解释说,每个人都从自己所站的位置来观察事物,都自以为"处在几乎不动的中

[①] Harold Bloom, "Emerson: The American Religion", in *Modern Critical Views: Ralph Waldo Emerson*, ed. Harold Bloom, New York: Chelsea House Publishers, 1985, p. 97.

心",而且"一定会相对于自己来判定(这一运动的)两极"。由于每个人都各有不同位置,各自假定不同的中心,"于是世界的机制(machina mundi)就几乎有一个无所不在的中心,又有无处可寻的周边,因为中心和周边乃是上帝,而上帝既无所不在,也无处可寻"。① 在追寻这句话的出处时,亚历山大·柯瓦雷说:"把上帝描绘为一个圆,其中心无所不在,其周边无处可寻(sphaera cuius centrum ubique, circumferentia nullibi),第一次以这样的形式出现是在12世纪的《二十四哲人书》中,那是一部无名氏所辑的伪炼金术著作。"②

由此可见,自12世纪以来,这句话显然已成为常用的熟语,用得几乎像谚语那样广泛,而且可以随便使用,不必说明来源。托马斯·布朗爵士在17世纪时写道:"三圣大法师(Trismegistus)之圆,中心无所

---

① Nicholas of Cusa, *De docta ignorantia*, I. ii, chap.12; quoted in Alexandre Koyré, *From the Closed World to the Infinite Universe*, Baltimore: The Johns Hopkins University Press, 1968, p. 17.
② Ibid., no. 19, p. 279.

· 同工异曲 ·

不在,周边无处可寻,绝非夸大之言。"① 17世纪法国思想家帕斯卡在讲到自然之无穷时,用语也完全一样,说自然乃"一无限之圆,其中心无所不在,其周边无处可寻(une sphère infinie dont le centre est partout, et la circonférence nulle part)"②。然而以自然或宇宙为一完美的圆这一观念,可以追溯到柏拉图,甚至到苏格拉底之前的希腊哲学家。柏拉图说造物者"把世界造成一个在圆圈中转动的圆圈"③。他认为"宇宙的形状是一个圆球",其中心与不是中心的各地方距离相等,"因为世界的中心不能说在上或者在下,它只是中心而不可能是别的任何东西,而周边不是中心,其中任何一处与中心的关系,都不可能异于其他各处与中心的关系"。④如果说柏拉图认为中心既非上,亦非下,既不在此,亦

---

① Sir Thomas Browne, *Christian Morals*, Part III, section ii, in *Religio Medici and Other Works*, ed. L. C. Martin, Oxford: Oxford University Press, 1964, p. 229.

② Blaise Pascal, *Pensées*, trans. A. J. Krailsheimer, Harmondsworth: Penguin, 1966, p. 89.

③ Plato, *Timaeus*, 34b, trans. Benjamin Jowett, in *The Collected Dialogues of Plato*, p. 1165.

④ Ibid., 63e, p. 1187.

不在彼，而且周边上的每一点与中心的关系都是一样，那么我们就可以说，中心无所不在，周边无处可寻。

完美的圆、中心和圆圈的意象，也常常在诗人的作品中出现。例如亨利·沃恩的《世界》（"The World"），在精神和意象方面就都是柏拉图式的：

> 我在那一夜见到了永恒，
> 像一个光环，纯粹而明净，
> 　辉煌而且安宁，
> 在它下面，被众星球追赶
> 　是一天天、一年年逃逸的时间，
> 像一大片移动的阴影，在其中
> 　整个世界都失落了，变得无影无踪。

在写给贝德福德伯爵夫人的一首诗里，约翰·多恩说慎重和聪慧都不可能与宗教分开，因为它们都一样是完美的圆形：

> 在上帝那些较弱的类型（圆圈）中，

·同工异曲·

> 宗教的类型个个圆融,
>
> 向那完美的中心飘动。

在评注这些诗句时,赫伯特·格里尔森说:"用圆圈来做无限的表征古已有之。"而他认为是圣博纳文图拉(St. Bonaventura)把上帝描绘成"一个圆圈,其中心无所不在,其周边却无处可寻"。[①]可见不同学者把这句名言追溯到不同的来源出处,这就更说明这一观念流传很广,而且常被人采用。

然而我们还可以把圆或宇宙循环的观念追溯得更远,一直到苏格拉底之前的哲学家们。有人认为这句话是公元前5世纪时,希腊哲学家恩培多克勒最早说出来的,而他确实认为世界的四大根本即四大元素——水、火、土和空气——永远在循环运动:

---

① John Donne, "To the Countess of Bedford", in *The Poems of John Donne*, ed. Herbert J. C. Grierson, 2 vols., Oxford: Oxford University Press, 1912, vol. 1, p. 220, with spelling modernized; Grierson's commentary appears in vol. 2, p. 176.

因为有时候它们从众多

化为一，有时又从一分为多。

因此世界的运动是一个由一到多，又由多到一这样反复转换的过程，由爱的力量达到统一，又由争斗的力量而分裂这样不断的循环。在这永远的反转过程之中，恩培多克勒说四大元素"在循环中总保持不变"①。另一位哲学家毕达哥拉斯（Pythagoras）在四季的循环中，在生死交替和灵魂转世中，同样见出事物的永恒。罗马诗人奥维德（Ovid）在《变形记》（*Metamorphoses*）中描述说，毕达哥拉斯相信：

我们所谓生

只是一个差异的开始，

如此而已，而死不过是

前此之终结。各个部分可变，

从这里到那里，或此或彼，

---

① *The Poem of Empedocles*, trans. Brad Inwood, Toronto: University of Toronto Press, 1992, p. 217.

或返回原状，但万物之总和却是永恒。①

因此，从毕达哥拉斯和恩培多克勒这样的苏格拉底之前的哲学家到柏拉图，再到圣奥古斯丁，到库萨的尼古拉，到托马斯·布朗和帕斯卡，到英国玄学派诗人，再到爱默生和艾米莉·狄金森，哲学思想和诗的想象都常常努力界定自我在宇宙中的位置，都把精神理解为在宇宙之圆一个无限巨大的周边之内不断运转。

那么从跨文化的角度来看，这一主题在不同文化传统里又是如何展现的呢？在东方，圆或圆球是否也是完美的表征呢？钱锺书先生在一段极有开创意义、论说圆这一概念性比喻的文字里，引用了上面提到的许多例子，并把它们和中国传统中类似的说法做了很有启发性的比较。他写道：

> 吾国先哲言道体道妙，亦以圆为象。《易》曰："蓍之德，圆而神。"皇侃《论语义疏·叙》说

---

① Ovid, *Metamorphoses*, ll. 253–258, trans. Rolfe Humphries, Bloomington: Indiana University Press, 1955, p. 373.

4 "反者道之动":圆、循环与复归的辩证意义

《论语》名曰:"伦者,轮也。言此书义旨周备,圆转无穷,如车之轮也。"又曰:"蔡公为此书,为圆通之喻曰:物有大而不普,小而兼通者;譬如巨镜百寻,所照必偏,明珠一寸,鉴包六合。《论语》小而圆通,有如明珠。"……陈希夷、周元公《太极图》以圆象道体;朱子《太极图说解》曰:"〇者,无极而太极也。"①

在此我们可以回顾一下,我在第二章开头,曾提到柏拉图的圆圈和庄子的车轮,在第二章还讨论了珍珠的意象。在佛家常用的意象里,圆环和车轮也非常重要。有趣的是,在一部比较基督教和佛教意象的研究著作里,罗伯特·埃里诺引用了那同一句名言,说上帝乃是"智慧之圆,其中心无所不在,其周边却无处可寻",但这一次追溯到的源头,却是里尔的阿兰(Alan of Lille)所著《神学箴言集》(*Maxims of Theology*)

---

① 钱锺书:《谈艺录》补订本,第111页。

第七卷。[1]然后他把这个圆的意象与东方的曼陀罗和典型佛教的表象法轮相比较,并解释在佛说法的手势中,法轮的重要性——"佛的手指卷曲起来,构成转法轮的形象"[2]。我们在上面的引文里已经看到,皇侃也正是用象征完美的车轮这一意象,来赞美《论语》"义旨周备,圆转无穷"。

在但丁的名著《神曲》结尾,当他描写经过漫长的旅途,终于到达天堂最高一层至高天的时候,他所见到的光是以三个圆圈的形象出现的:

> 从极高光芒那深厚灿烂之处,
>
> 三个光圈出现在我跟前,
>
> 三种色彩,但同样大小的维度。
>
> (帕拉迪索,XXXIII. 115)

人的智力无法充分理解这些光圈的意义,诗人却告诉我

---

[1] Robert Elinor, *Buddha and Christ: Images of Wholeness*, New York: Weatherhill, 2000, p. 111.
[2] Ibid., p. 120.

们说：

> 但那推动太阳和其他星球的爱
>
> 已经推动我的愿望和意志，
>
> 有如转动的车轮，周而复始，圆满无碍。
>
> （XXXIII. 143）

正如批评家泰奥多林达·巴罗利尼所说，但丁用转动的车轮这一意象，道出他的信仰说"是上帝赋予他灵感，给了他真实的洞察力"①。由此可见，东方和西方都广泛使用圆的意象——车轮、圆圈或球体——来象征圆满和完美，东方的哲人、宗教思想家和诗人们使用这类意象，和柏拉图以及其他西方哲人和诗人们有很多相似之处。其实在中国古典传统中，诗人和批评家都常用圆这一意象来比况诗文的完美，喻其构思和用语圆熟如珠如轮。②

---

① Teodolinda Barolini, "Dante's Ulysses: Narrative and Transgression", in *Dante: Contemporary Perspectives*, ed. Amilcare A. lannucci, Toronto: University of Toronto Press, 1997, p. 117.
② 参见钱锺书：《谈艺录》补订本，第112—114页。

·同工异曲·

和古希腊的恩培多克勒一样,老子也认为世间事物永远在循环运转。《老子》十六章说:"夫物芸芸,各复归其根。归根曰静,静曰复命。"我们在前面狄金森的诗里已经看到,精神在一个圆周内运行,"围绕处于中心的自我划出各种各样的大圆弧来"。我们从爱默生那里知道,圆乃是"首要的形状",而生命就是"一个自我发展的圆"。老子对自我循环运转的理解归在"静"的观念上,而静即无为,因为他有一句很有名的话是"道常无为而无不为"(三十七章)。然而老子所谓无为,并不是被动而无所作为,而是顺应事物的自然发展。在无为虚静之中,道家的圣人无所不知,无所不能。所以老子宣称:

> 不出户,知天下;不窥牖,见天道。
> 其出弥远,其知弥少。
> 是以圣人不行而知,不见而明,不为而成。
>
> (四十七章)

在一定意义上,对虚静无为的强调使人想起狄金森的诗句，因为我在前面说过，那些诗句表现的是精神的飞翔，而非身体的活动。老子的语言以反语为其典型，所以他说静止不动可以知天下，有所行动反而知之弥少。这话听起来当然不合常理，因为在正常情况下我们可以假定，求知是一个循序渐进的过程，其出弥远，应该是其知弥夥。老子所说却恰好与此相反，但那又并不奇怪，因为熟悉老子语言的人都知道，他最喜欢说的就是反话。他的思想观念和道家哲学，都很典型地以反语的方式来表达，颠覆我们寻常的假设观念。老子自己就说："正言若反。"（七十八章）正反两面的互动就形成思维的辩证方式，而老子表述自己的思想，就常常运用正反两面的辩证互动；在文体风格上，反语和对语就成为他的文字最明显的特征。

例如他说："知者不言，言者不知。"（五十六章）"祸兮，福之所倚，福兮，祸之所伏。"（五十八章）他又说："信言不美，美言不信。善者不辩，辩者不善。"（八十一章）所有这些都是用对偶句形式表现的发人深省的隽语，后半句以反转的形式进一步加强前半句的意思。老子以大道为"玄牝"（六章），他构想的道家圣人也与一般人所设想的相反，因为他好像把圣人描绘成柔弱无知者，"如婴儿之未孩"，头脑"昏昏""闷闷"，有一颗"愚人之心"（二十章）。所有这些当然都是在讲虚静之潜力，而在典型的辩证转化之中，柔弱无知者将胜过刚强聪明者。所以老子说柔弱胜刚强，"天下之至柔，驰骋天下之至坚"（四十三章）。辩证转化既是如此，那么我们应该怎样理解老子所谓静能致知，动反而不能呢？我们如何理解"其出弥远，其知弥少"这句话呢？

钱锺书在他的评论中指出，老子在这里讲的不是一般意义上的知，不是从书本或者经验中可以得到的知识。①事实上，老子认为对于求道而言，这样的知识无益有害，所以他说："为学日益，为道日损。"

---

① 参见钱锺书：《管锥编》，第二册，北京：中华书局，1986，第450页及以下数页。我曾以英文撰文详细讨论钱锺书对《老子》的评论，见Zhang Longxi, "Qian Zhongshu on the Philosophical and Mystical Paradoxes in the *Laozi*", in *Religious and Philosophical Aspects of the Laozi*, ed. Mark Csikszentmihalyi and Philip J. Ivanhoe, Albany: State University of New York Press, 1999, pp. 97–126。

(四十八章)这样看来,通过学习得到关于外部世界的知识,对于道之充分的内在实现是一种障碍。老子在这里所说的知,正是这种内在实现,是关于道的真知,而这不是从读书或外部世界的经验中可以获得的。因此求道是一种静默沉思的内在追求,不是在自己心灵之外可以实现的。也许我们可以将之与柏拉图认为真知不是得之于外界,而是自己内在灵魂的"回忆"这一神秘观念相比较。[1]在这样一个语境里,"其出弥远,其知弥少"就很合理了。这样看来,精神的追求就成为一个返回心灵去的旅程,所以老子说:"反者道之动。"(四十章)也就是说,道之运行以及我们认知道的过程,都是一个圆,到达终点即是返回到开始的起点。在这里,我们又可以想起前面谈到爱默生和狄金森著作时,讨论过的圆圈和圆周。

返回起点或回家的观念,在几种宗教传统里当然都是表现精神追求常用的比喻。浪子回家的寓言(见《路加福音》15章11—32节)在《圣经》里是最有名的寓言

---

[1] Plato, *Phaedo*, 75e, trans. Hugh Tredennick, in *The Collected Dialogues of Plato*, p. 59.

之一,在这里,迷失的灵魂通过信奉基督而得救,就是用一个浪子返回故乡重见父亲的故事来表现的。圣奥古斯丁在《忏悔录》第四部结尾处,显然是暗用这一寓言,他在那里呼唤上帝说:"我们的善永远在您那里,我们只要离开它,就会趋向恶。主啊,我们害怕迷路,让我们回家,回到您身边吧。"①圣奥古斯丁忏悔说,他在外面四处寻找上帝,都白白走错了地方,最后终于在自己的记忆里找到了上帝,那自然也是用了浪子回家的典故。"主啊,看我如何搜遍了我记忆的辽阔原野去找您!我却没有在外面找到您。您一直就在我心中,而我却在身外的世界里。"②于是寻找上帝的精神追求表现为一种内心的搜索,一个不该走到外面世界去的旅程,而最后的发现是转回去,转而向内,是由浪子回家的寓言所象征的复归。旅行、旅程、行路和朝圣之行,这些都是基督教极常用的比喻。正如罗伯特·奥康奈尔所说,"没有任何一个主题可以更有力地总括圣奥古斯

---

① St. Augustine, *Confessions*, IV. 16, trans. R. S. Pine-Coffin, Harmondsworth: Penguin, 1961, pp. 89–90.
② Ibid., X. 24, 27, pp. 230–231.

·4 "反者道之动"：圆、循环与复归的辩证意义

丁对人生的看法：我们都是路人（peregrini），是行旅（peregrinatio）之中的灵魂"①。不仅如此，而且最后抵达上帝之家是回返，"这行旅，无论是个人灵魂的还是整个人类的，都完全是循环的，都是从父亲的家出发，最终又（理想地）回到那里"②。正像在艾米莉·狄金森的诗句中，在爱默生的文章和老子的哲理中我们已经讨论过的，精神的追求是一个圆，先会走出去，最后又会返回来。

离开父亲的家浪游在外，最后终于痛改前非，怀着谦卑和彻底悔改之心返回故里，这样的寓言在佛经里也可以找到。在《妙法莲华经·信解品》和《楞严经》里，都有相似的浪子回家、被父亲认出接纳的故事。正如苏慧廉在介绍英译《法华经》时所说，这个佛教寓言教人说，"我们也都曾浪游在外，未能脱离低贱之物，历尽世间劫苦，但现在我们得见佛性，知道我们皆为

---

① Robert J. O'Connell, S.J., *Soundings in St. Augustine's Imagination*, New York: Fordham University Press, 1994, p. 72.
② Ibid., p. 149.

佛子"①。就我们在本章的目的而言,重要的是浪子回家、父子团圆的意象。在这个寓言里,家成为心灵的象征,是凝神默想之处,是产生宗教经验的内在空间,而外在世界则代表着诱惑的危险,代表对肉欲、物质和低贱事物的迷恋。

普罗提诺在论及追求智性之美时,也采用了回家与父亲重逢的意象,强调那是复归起始,转向内在精神,而非外在和物质的观念。普罗提诺说:"谁有力量,就让他起来,退回自身,抛弃凭眼睛认知的一切,永远离开曾经使他快乐的物质之美。"就像荷马史诗中的奥德修斯逃离巫女喀耳刻(Circe)和卡利普索(Calypso)诱人的魔法一样,追求智性之美的人也必须放弃"眼前可见的一切美色和消磨他时日的一切官能的享受",回到父亲的家园。"对我们来说,父亲的家园就是我们所来自的地方,我们的父亲就在那里。"于是归家之路便是一个精神的旅程,最后抵达的地方不是奥德修斯在伊萨卡的宫殿,而是一个内在的心境。普罗提诺说:"那不

---

① W. E. Soothill, Intro. to *The Lotus of the Wonderful Law*, trans. W. E. Soothill, London: Curzon Press, 1975, p. 43.

是用脚走的路程，脚只能把我们从一处带到另一处；你也无须想舟车载你行动。你必须抛开这一类东西，拒绝看它们。你必须闭上双眼，唤醒心中另一种视力，那是一切人与生俱有的视力，却很少有人去使用。"[1]我们可以回想老子所说圣人"不出户，知天下；不窥牖，见天道"的话。圣奥古斯丁强调精神而忽视具体的物质经验，就很可能想到了普罗提诺。他在《忏悔录》中说："那条引我们离开您、又带我们回到您身边的路，不是可以数脚步或者里程来丈量的。《圣经》里那个浪子去到远方，把离家时父亲给他的财富挥霍得一干二净。但他到那里去却既没有雇马和马车，也没有雇船；他既没有插上真的翅膀飞上天，也没有把一只脚摆到另一只前面。"[2]用老子风格的话来说，也许我们可以说，动者为神，静者为身。

新柏拉图派玄学思想认为，万物都从绝对的一当中流出，最终又复归于一；很多人都已评论过这种思想

---

[1] Plotinus, *The Enneads*, I. 6. 8, trans. Stephen MacKenna, 2nd revised ed., revised by B. S. Page, London: Faber and Faber, 1956, p. 63.

[2] St. Augustine, *Confessions*, I. 18, p. 38.

中圆和球体的重要性。普罗提诺说:"由于最初的事物都存在于心象之中,其他一切事物也都必然争取达到同样的状态;所以出发点也就是普天下事物的目标。"因此,正如瓦利斯所说,反转或回转的概念"对新柏拉图主义及其神秘信仰都很重要。首先,一切存在都力求返回自己的缘由;其次,由于这是通过内省来实现的,返回自己的缘由也同时就是一个反躬自省的过程"[1]。罗伯特·麦克马洪也认为,"返回本源"是新柏拉图主义一个基本的观念,同时"在圣奥古斯丁思想中也是基本观念",这在《忏悔录》的结构上,表现得尤其明显。[2] 艾布拉姆斯在《自然的超自然主义》一书中,仔细研究了尤其在新柏拉图主义影响之下他所谓"迂回的旅程"或"大圆"。这个概念就是:"一切事物的进程都是一个圆形,其终点即是其起点,其运行是从一逐渐分化为多,然后又复归于一,而此过程中之分而又合,

---

[1] R. T. Wallis, *Neoplatonism*, London: Duckworth, 1972, pp. 65–66.
[2] Robert McMahon, *Augustine's Prayerful Ascent: An Essay on the Literary Form of the Confessions*, Athens: University of Georgia Press, 1989, p. 119.

同时也被视为是由善堕落为恶,又复归于善。"①艾布拉姆斯指出,这种圆形运转最后是复归于自我,其象征是"吞食自己的蛇那样一种图像"②。在浪漫主义时代,康德之后的哲学和许多具有哲学头脑的诗人们的作品,都"可以视为新柏拉图主义模式高度复杂化的演变,其基本模式就是初始的善与同一,然后分为杂多,其实也就是堕落为恶与痛苦,然后又复归于善与同一"③。复归的概念在此与内省的概念结合在一起,因此从普罗提诺到柏拉图和圣奥古斯丁,再到康德之后的哲学家和浪漫派诗人,都有点接近老子关于道以及认识道之循环运行的观念,这是一个内向的过程,不是其出弥远,而是愈行愈近。

在中国传统里,不仅道家和佛教强调认知的内省之路,就是儒家在说到他们所理解的道这个概念时,也是如此。《论语·述而》载孔子说:"仁远乎哉?

---

① M. H. Abrams, *Natural Supernaturalism: Tradition and Revolution in Romantic Literature*, New York: W. W. Norton, 1971, p. 150.
② Ibid., p. 162.
③ Ibid., p. 169.

我欲仁，斯仁至矣。"那意思就是说仁，儒家最重要的一个观念，就在自身而无须远求。《孟子·离娄上》载孟子说："道在迩而求诸远，事在易而求诸难。"这话是批评那些不就近从自己做起，却想去求道的人。《孟子·离娄下》进一步说："君子深造之以道，欲其自得之也。自得之……则取之左右逢其原，故君子欲其自得之也。"《孟子·尽心上》有孟子很有名的一段话，他说："万物皆备于我矣。反身而诚，乐莫大焉。"这就是说，求仁得道最佳的途径是反身而求诸己，是吸取自己内在的力量和资源。当然，儒家、道家、佛家和新柏拉图主义者们所追求的东西在很多方面都各不相同，然而求道、求仁、寻找上帝和追求智性之美的表达，又的确有惊人的相似之处，因为它们都表现一种反转即为复归的观念，把精神追求的旅程表现为返回心灵的内在经验。

反转即为复归可以说也总括了基督教关于时间和历史的观念。《圣经》是从创始万物的一刻开始，而在最后终结的预告，即末世的启示录中结束。于是全部的时间和历史都包含在神的视野之中。上帝在《启示录》

中对约翰宣告："我是阿拉法、我是俄梅戛、我是首先的、我是末后的、我是初、我是终。"（22章13节，参见1章8、17节）这也正是弥尔顿《失乐园》中，大天使拉斐尔对亚当讲的话："啊，亚当，全能的神乃是一，万物/都来自于他，也向上回到他那里。"（V. 469）时间在上帝创世中开始，在基督的第二次降临中结束，那时，弥尔顿写道："时间凝止不动。"（XII. 555）这种对历史绝对目的论的看法，同时也是以历史为循环，以反转为复归的观念。艾布拉姆斯说：

> 《启示录》所暗示之历史的形状是一个圆环，这圆环如卡尔·洛维特（Karl Löwith）所说，是"绕一个大圈，最后回到起点"。"坐在宝座上的王者说：看哪，我使万物又新。"但这新乃是重新，最后时刻（Endzeit）乃是最初时刻（Urzeit）的恢复。[①]

---

① M. H. Abrams, "Apocalypse: Theme and Variations", in *The Apocalypse in English Renaissance Thought and Literature*, ed. C. A. Patrides and Joseph Wittreich, Ithaca: Cornell University Press, 1984, p. 346

·同工异曲·

已经丧失的乐园之重新恢复，即基督教所谓人之堕落的反转，也是精神的更新，是超验王国的内在化。我们可以再举弥尔顿的诗为例证。在《失乐园》的结尾，大天使米迦勒告诉亚当说，虽然亚当和夏娃会被逐出乐园，立即面对失落和艰苦的未来，但只要他们忏悔而且遵守德行：

> 你就不会因为离开
> 这个乐园而痛苦，却将会得到
> 你心中的乐园，远更幸福。
>
> （XII. 585）

就精神追求的内化而言，也许没有别的语言可以比弥尔顿的诗表达得更好，因为失而复得的乐园不是到外部世界去寻求，而是"你心中"的精神乐园，更重要的是，这是比原来那个伊甸园"远更幸福"的乐园。因此更新不是简单的恢复，而是进一步改善。艾布拉姆斯论述说，更新即是改善，这一观念后来变成典型浪漫时代螺旋式发展的概念，即认为"所有进程都从一个未分化的原初统一渐次自我分化，然后又到一种有机的统一，而有机统一比原初的统一地位更高，因为它包含了中介阶段所有的分化和对立面。后来霍夫曼斯塔尔这样概括了浪漫主义的观念：'每一发展都沿着一条螺旋线演进，后面不会留下任何东西，而会在更高的层次上返回到同一点。'"①

在这个意义上来说，复归的观念就不单是回家或恢复原状，而同时也是反转或原初状态之否定。在这里，我们可以见出从谢林到黑格尔德国超验唯心主义哲学发展出来的那种螺旋式辩证转化概念的形状。谢林论述自己关于认知过程和历史发展过程的螺旋式观念，就直接使用了《启示录》的语言："我以上帝为初、为终，为阿拉法、为俄梅戛，但为阿拉法之神并不同于为俄梅戛之神。"在最初时，他只是"潜在之神"（Deus implicitus），只有"为俄梅戛时，他才是充分显现之

---

① Abrams, "Apocalypse: Theme and Variations", in *The Apocalypse in English Renaissance Thought and Literature*, p. 347.

神(Deus explicitus)"。①黑格尔的辩证三段论,即正题、反题、合题的三段式发展,无论所论为形而上学、逻辑学、历史、宗教、法律或艺术,大概都是这种螺旋式发展观念最为人熟知的表现形式。在辩证过程中,否定并非前一阶段的简单毁灭,而既是其消除,又同时是其保存,这就是黑格尔著名的扬弃(Aufhebung)概念。就其在更高阶段保存了原来的状态而言,否定,正如黑格尔所说,"本身就是肯定——而且实在是绝对的肯定"②。所以黑格尔说,哲学"显现为一个回到自身的圆圈",其"独特的意图、行动和目的"就是"到达其观念之观念,从而复归于自身,达到圆满"。③黑格尔在《哲学百科全书》的结尾说:"哲学的概念就是真理

---

① F. W. J. von Schelling, *Denkmal der Schrift...des Herrn F. H. Jacobi, Sämtliche Werke*, Pt. I, Vol. VIII, 81; quoted in Abrams, *The Apocalypse in English Renaissance Thought and Literature*, p. 348.

② G. W. F. Hegel, *The Encyclopaedia Logic* (*with the Zusätze*), trans. T. F. Geraets, W. A. Suchting, and H. S. Harris, Indianapolis: Hackett, 1991, section 87, p. 140.

③ Ibid., section 17, p. 41.

认知自己,理念思考自己,精神实践自己的思想。"①在思考和认知自己的过程中,哲学呈现为反转,即向自身概念的复归。

老子所谓"反者道之动",可以说正是讲辩证转化呈现为圆形。钱锺书先生就指出,老子此言足与黑格尔之"奥伏赫变"即扬弃"齐功比美"。他指出老子此句中"反"字有二义,"于反为违反,于正为回反(返);黑格尔所谓'否定之否定'(Das zweite Negative, das Negative des Negation, ist jenes Aufheben des Widerspruchs),理无二致也"。他又说,此言中"'反'字兼'反'意与'返'亦即反之反意,一语中包赅反正之动为反与夫反反之动而合于正为返。窃谓吾国古籍中《老子》此五言约辩证之理";虽然老子的话简短,黑格尔哲学则是系统的长篇大论,但其"数十百言均《老子》一句之衍义"。②换言之,东方和西方的哲学家们都认识到了辩证的转化。

---

① G. W. F. Hegel, *Encyclopedia of Philosophy*, trans. Gustav Emil Mueller, New York: Philosophical Library, 1959, section 474, p. 285.
② 钱锺书:《管锥编》,第二册,第446页。

·同工异曲·

认识到对立面的辩证转换，见出事物的发展是一个反转和复归的进程，却并不只是哲学家的独特发现。正如钱锺书所说，此乃"人生阅历所证，固非神秘家言所得而私矣"[①]。作家和诗人常常采用感性的形象和比喻，以令人喜闻乐见的形式，赋予这一深刻洞见以具体入微的表现。他们的作品观察细致，描绘生动而有意味，使我们意识到日常生活中看来平凡、寻常，甚至琐碎细小的东西，却往往可能给我们知识，为我们揭示哲学的智慧。钱锺书在他书中举例颇多，其中很有启发意义的是引自《鹤林玉露》的一首尼姑写的诗："尽日寻春不见春，芒鞋踏破陇头云；归来拈把梅花嗅，春在枝头已十分。"[②]在这首诗里，春并不在远处，寻春的人到处走遍，从田间野外归来之后，无意之间却在家里找到了春。我们读这首简朴的诗，或许有一种似曾相识的熟悉感，好像我们都有四处搜寻，却在无意间发现的类似经验。所以这首诗在字面意义上，使我们都有所感；然而像浪子回家的寓言一样，此诗也还可能另有很不相

---

① 钱锺书：《管锥编》，第二册，第453页。
② 同上书，第452页。

同的比喻或讽寓的意义。既然此诗为宋代一个尼姑所作，就更是可能有精神追求的比喻或讽寓的意义。在亨利·沃恩的《寻求》（"The Search"）这样明显的宗教诗里，字面意义本身就是精神的意义。诗中说话的人到《圣经》里提到过的各处去寻找基督，却并没有找到，这时候他听见有一个声音告诉他说：

> 把游荡的想法扔掉吧，扔掉；
> 谁老是出门
> 探视，
> 搜寻，
> 他在门里
> 就什么也看不到。

在这里，寻找基督又表现为一种内在的经验，而不是实际的旅程，因为"老是出门"到外面去寻找的人，在门内"就什么也看不到"。诗人最后的结论说："搜寻另一个世界吧；耽于此世者/不过走在虚空，在没有神恩的地方寻求。"在另一首诗《复活与不朽》

·同工异曲·

("Resurrection and Immortality")里,沃恩把灵魂的复活设想成其本质的更新:

> 没有什么会化为虚无,却永远
> 　　会巧妙地具有形体变幻,
> 然后回来,从万物的母体
> 　　取来宝物奇器,
> 就像凤凰一样重新
> 　　恢复生命和青春。

诗里"像凤凰一样"重生,就把精神的进程描绘成反转,即灵魂返回到自身。现代诗人艾略特(T. S. Eliot)也在《四个四重奏》(*Four Quartets*)里说:"家是我们出发之地。"在他的诗句"我的终结也就是我的开始"中,也显然可以见到凤凰重生的意象。

乔伊斯的《青年艺术家画像》可以提供小说里的一个例子,小说主人公年轻敏感的斯蒂芬·戴达洛斯(Stephen Dedalus)本能地意识到,他所追求的不是可以刻意到外部世界去寻找的东西。乔伊斯写道,戴达洛斯"想在真实的世界里,去和他的灵魂时常看到的那个缥缈的形象相遇。他不知道在哪里去找它,怎样去找它:但他一直有的一种预感告诉他,无须他做任何明显的努力,这个形象有一天会和他相遇"①。那相遇就完全是一种内在经验,是突然醒悟的一刻,在那一刻戴达洛斯忽然觉得"野的天使出现在他面前",他感觉到"地球巨大的旋转运行"。②从但丁的《神曲》到约翰·班扬的《天路历程》和寻求主题的很多现代变奏,许许多多表现追寻和旅行的故事都通过对物质世界写实逼真的描述,来传递一个精神的象征意义。这类故事很多是以梦为叙述的框架,而其象征意义要与作者和读者的生命有关联,从梦中返回到清醒的自我就是必要的因素。

中国文学中表现寻求主题一个有名的例子,便是写唐僧去印度取经的小说《西游记》。在小说中,唐三藏由孙悟空等三个徒弟保护着踏上艰险的道路,去西天取经,整本一百回小说都在讲述他们一路上如何历尽艰

---

① James Joyce, *A Portrait of the Artist as a Young Man*, Harmondsworth: Penguin, 1964, p. 65.
② Ibid., p. 172.

辛，战胜各种妖魔鬼怪的故事。有趣的是，到最后终于到达目的地时，他们不远万里从中国到印度来的目的，也就是他们从佛那里得到的经书，却是纸上空无一字的白卷。后来他们用这些无字白卷换来了有字的佛经，但读者意识到，那只是因为这些东方来的和尚悟性尚低，不会读无字真经，不得已而只能取写成文字的经卷。这就意味着他们所寻求或者应该寻求的，是内在化的佛家智慧，而不是取外在形式而写成文字的东西。余国藩在讨论此点时指出，在描写宗教朝圣之旅的文学作品里，内在化是最重要的一个方面：

> 小说字面意义上的行动以玄奘取经的历史事件为背景，也受制于这一历史事件，其直线推进的最后解决，只能是朝圣者抵达地理意义上的目的地，可是小说叙述的讽寓成分却贯穿始终，一直在嘲讽和讥刺盲目相信实际距离和外在世界。神圣的空间，朝圣者最终能够得益的根源，却是在本身，是完全内在化的。[①]

---

① Yu, "Two Literary Examples of Religious Pilgrimage: The *Commedia* and *The Journey to the West*", *History of Religions*, p. 226.

由此可见，辩证转换普遍存在于我们的生活和生活经验之中，宗教、哲学和文学都在以不同方式，教给我们认识到这一点的智慧。精神或心灵的圆周运行也就指出了万事万物的循环，就像爱默生所说："我们一生都在解读这一首要形式极为丰富的含义。"反转和复归，走出去，然后再走回来，就是基本的形式。圆或转动的圆球的形式不仅在自然运行中很重要，在文化或自我的教养，即德国人所谓Bildung的观念中，也非常重要。伽达默尔在《真理与方法》中解释说，作为形成和教养自我的Bildung这一观念，首先意味着要异化，然后是在更丰富的形式中复归自我。伽达默尔说："在别人那里认识到自己的东西，而且在那里变得自在，便是精神基本的活动，其本质乃在从别人返回到自己。"归根结底，返回才是目的，因为"Bildung的本质显然不在异化本身，而是复归自我，而复归则须以异化为前提"。[①]宗教和哲学确实都教给我们辩证转化的智慧，我们也许可以说，宗教和哲学是以神秘或抽象的方式教人，但文

---

① Gadamer, *Truth and Method*, p. 14.

学不是用晦涩的说教，而是用具体例证传播类似的思想，文学作品"把普遍观念与特殊的例子相结合"，由此而展现出"一幅完美的图画"。正如菲利普·锡德尼以极为幽雅的语言所说的那样，诗人"给心灵的力量能够提供一个形象的地方，哲学家只能做一个冗赘的描述"[1]。我们一旦认识到，文学具体、物质的形式可以传达哲学家和宗教神秘主义者用抽象晦涩的语言极力想要表述的内容，我们或许就会意识到，正是物质引导我们达于精神，即便是对于知识的内化，对于复归内在的自我和心灵，我们毕竟还是需要关于外部世界的知识。不首先走出去，就不可能返回，不绕一段弯路，也就不可能有反转和复归。这才真是辩证的本质。在获得知识的一刻，在自我和他者的融合之中，对立面得到调和，新且更丰富的自我于是得以形成。

现在让我们再回到我在开头引用过的艾米莉·狄金森的诗句。我们可能会认识到，当诗人说元素和实行、肉体和精神已经不再有什么分别时，也许其用意正是在

---

[1] Sir Philip Sidney, *An Apology for Poetry*, ed. Forrest G. Robinson, Indianapolis: Bobbs-Merrill, 1970, p. 27.

于内在和外在、自我和他者的融合。读到这似乎有呼唤力量的诗句,还有融入天空中那只飞鸟的意象,我们便终于达到对立面的调和,见证了内在和外在世界的融汇,于是我们或许也就能欣赏此诗,即想象中围绕自我那个弧形的圆所表达的完美之感:

> 在即为其所在,
> 只有圆周在于其间。